RECETTES INTERDITES APOLLO

RECETTES INTERDITES

Photographies
Maurice Richichi

Les Éditions
Transcontinental

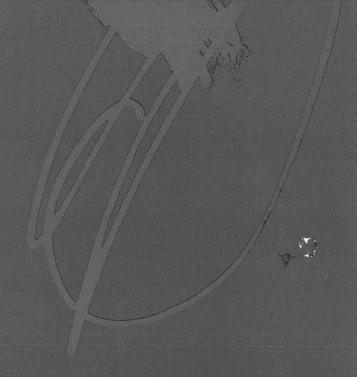

Mon invitation

Dans la cuisine du désir, il y a des rumeurs qui s'entretiennent avec délices et des vérités qui se révèlent avec plaisir.

Les rumeurs attribuent des vertus aphrodisiaques à bon nombre d'ingrédients qui n'ont, en réalité, aucun des effets escomptés. À moins qu'on les absorbe en quantité astronomique, ce qui, avouons-le, ne risque pas de fouetter les ardeurs. D'autres, au contraire, passent incognito alors que leurs pouvoirs d'ensorcellement tiennent presque de la potion magique.

Pour ne pas laisser les amants sur leur faim, je me suis attelé à démêler le vrai du faux : j'ai répertorié les aliments aphrodisiaques selon les qualités qui leur sont reconnues scientifiquement et les dosages recommandés, études à l'appui. Ensuite, j'ai laissé libre cours à mon inspiration pour en exalter les saveurs et en décupler les bénéfices en fonction de l'anatomie du goûteur. Car les recettes sont conçues parfois pour elle, parfois pour lui, parfois pour elle et lui.

De cette improvisation sur un thème imposé est né ce menu singulier. Je vous le présente tel que je l'ai imaginé : une invitation à des délices d'un autre ordre auxquelles, je l'espère, vous succomberez avec ravissement.

Giovanni Apollo

À Francesco
et Rachel

Table
des matières

(H) Recette pour hommes

(F) Recette pour femmes

(HF) Recette pour les deux sexes

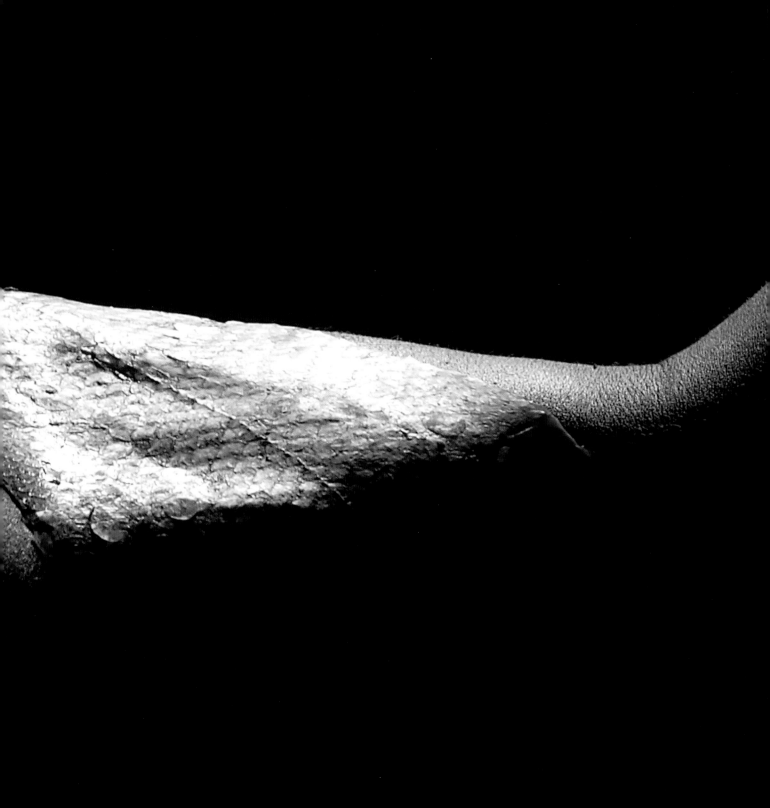

Poissons
et fruits de mer

Ravioles d'huîtres

melon d'eau bien mûr	13 oz	400 g
feuilles de menthe	5	5
le zeste de 1/2 citron		
feuilles de gélatine	5	5
ou sachet de 7 g de gélatine en poudre	1 1/2	1 1/2
la chair de 6 huîtres		

Mayonnaise d'huîtres

la chair de 6 huîtres		
jaune d'œuf	1	1
moutarde de Dijon	1 c. à thé	5 ml
huile d'olive	1/2 tasse	125 ml
vinaigre de cidre	1 c. à thé	5 ml
sel et poivre		

Salade d'avocat

avocat mûr mais ferme, en petits dés	1	1
oignon vert finement ciselé	1/2	1/2

Ravioles d'huîtres à la gelée de melon d'eau, salade d'avocat et mayonnaise d'huîtres

2 portions | cuisson : 5 min | infusion : 10 min | (HF)

Ravioles d'huîtres
- Dans une centrifugeuse, extraire le jus du melon.
- Chauffer le jus de melon à feu doux avec la menthe et le zeste pendant environ 5 minutes (le liquide ne doit pas bouillir). Retirer du feu et laisser infuser 10 minutes. Filtrer dans un chinois étamine.
- Préparer la gélatine selon la méthode indiquée sur l'emballage. L'ajouter au jus de melon.
- Verser la préparation sur une plaque couverte d'une pellicule de plastique. Réfrigérer jusqu'à ce que la gelée soit ferme.

Mayonnaise
- Écraser la chair des huîtres à la fourchette.
- Ajouter le jaune d'œuf et la moutarde et fouetter énergiquement.
- Verser l'huile en filet très mince sans cesser de fouetter afin d'émulsionner.
- Ajouter le vinaigre, saler et poivrer. Réserver au frais.

Salade d'avocat
- Mélanger délicatement l'avocat avec 2 c. à soupe (30 ml) de mayonnaise d'huîtres et l'oignon vert.
- Dans les assiettes, mouler la préparation dans des emporte-pièces ronds de 1 1/4 à 1 1/2 po (3 à 4 cm) de diamètre. Démouler.
- Déposer sur chaque portion la chair de 3 huîtres, puis un disque de gelée de melon de 2 1/2 à 2 3/4 po (6 à 7 cm) de diamètre fait à l'emporte-pièce. Servir frais.

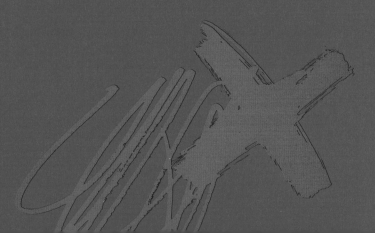

Grosses crevettes légèrement épicées, salsa douce de mangue et de crème de raifort

2 portions | marinade : 4 h | cuisson : 10 min | (HF)

Crevettes marinées

gingembre frais, haché	1 c. à soupe	15 ml
sauce soya	1 c. à soupe	15 ml
sauce hoisin	1 c. à soupe	15 ml
poivre de Cayenne	1 c. à thé	5 ml
citronnelle hachée	1 c. à thé	5 ml
le jus de 1 citron		
grosses crevettes décortiquées	4	4

Salsa

mangue mûre mais ferme, en petits dés	1	1
tomate mûre mais ferme, en petits dés	1	1
raifort en crème	1 c. à thé	5 ml
huile d'olive	2 c. à soupe	30 ml
sel et poivre		

- Dans un sac de plastique refermable, mélanger le gingembre, la sauce soya, la sauce hoisin, le poivre de Cayenne, la citronnelle et le jus de citron, puis ajouter les crevettes. Laisser mariner 4 heures au frais.
- Mélanger délicatement tous les ingrédients de la salsa. Laisser reposer 1 heure au frais.
- Cuire les crevettes au four à 350 °F (180 °C) pendant 10 minutes en les retournant à la mi-cuisson.
- Napper le fond des assiettes de salsa froide et y déposer les crevettes.

Côte à côte de rougets, fine purée de céleri-rave aux clous de girofle et émulsion de coriandre

2 portions | repos : 15 min | cuisson : 25 min | (H)

Côte à côte de rougets

petits rougets, écaillés et vidés	6	6
fleur de sel		
huile d'olive	2 c. à soupe	30 ml

Purée de céleri-rave

céleri-rave pelé, en gros cubes	7 oz	200 g
clous de girofle	2	2
huile d'olive	1/4 tasse	60 ml
sel et poivre		

Émulsion de coriandre

brins de coriandre	12	12
échalote française	1	1
jus de lime	1 c. à soupe	15 ml
huile d'olive de bonne qualité	1 tasse	250 ml
sel et poivre		

Préparation des rougets

- Embrocher les rougets par la tête, à raison de 3 rougets par brochette. Les transférer sur une plaque et les saupoudrer de fleur de sel au goût. Laisser reposer 15 minutes à la température ambiante.

Purée de céleri-rave

- Cuire les cubes de céleri-rave avec les clous de girofle à l'eau bouillante légèrement salée environ 15 minutes, jusqu'à ce qu'ils soient tendres.
- Égoutter et retirer les clous de girofle. Réduire en purée lisse au robot.
- Incorporer l'huile, saler et poivrer. Réserver.

Émulsion de coriandre

- Au mélangeur, mélanger la coriandre, l'échalote, le jus de lime et l'huile de 30 à 40 secondes. Filtrer, saler et poivrer. Ajouter un peu d'eau si la consistance est trop épaisse.

Cuisson des rougets

- Cuire les rougets sur le ventre 20 secondes dans l'huile à feu vif.
- Mettre au four 10 minutes à 400 °F (200 °C) pour terminer la cuisson. Accompagner de purée de céleri-rave et d'un trait d'émulsion de coriandre.

Pavés de saumon à l'unilatérale, fine croûte de noisettes et caramel de pain d'épice

2 portions | repos : 2 h | cuisson : 35 min | (H)

Caramel de pain d'épice

tranches de pain d'épice en morceaux	2	2
vin blanc sec	1 tasse	250 ml
bouillon de volaille	1 tasse	250 ml
cassonade	1 c. à soupe	15 ml
vinaigre de vin rouge	1 c. à soupe	15 ml

Croûte de noisettes

noisettes hachées finement	3 1/2 oz	100 g
beurre mou	2 c. à soupe	30 ml
cari	1/2 c. à thé	2 ml
sel et poivre		

Pavés de saumon

pavés de saumon de 5 oz (150 g) chacun, avec la peau	2	2
sel et poivre		

Caramel de pain d'épice
- Mettre le pain d'épice, le vin et le bouillon dans un plat. Couvrir et laisser reposer 2 heures à la température ambiante.
- Chauffer la cassonade avec le vinaigre à feu moyen environ 4 minutes, jusqu'à ce que la préparation ait la consistance d'un caramel.
- Ajouter le mélange de pain d'épice et laisser mijoter à feu très doux environ 20 minutes, jusqu'à consistance onctueuse.
- Filtrer. Si la préparation est trop ferme, la diluer avec un peu d'eau. Réserver.

Croûte de noisettes
- Mélanger tous les ingrédients jusqu'à ce que la pâte soit homogène.

Pavés de saumon
- Saler et poivrer les pavés de saumon. Les enrober de pâte de noisettes en pressant légèrement pour qu'elle adhère bien.
- Saisir les pavés 1 minute d'un seul côté.
- Réduire à feu doux et poursuivre la cuisson 10 minutes, sans les retourner. Accompagner d'une larme de caramel de pain d'épice. Servir le reste du caramel dans une saucière.

Pavés de bar rôtis
en robe de pancetta, velouté léger
de girolles et de moutarde

2 portions | cuisson : 1 h 15 min | (H)

Velouté

pommes de terre ratte ou Idaho, en petits cubes	3 1/2 oz	100 g
eau de source	1 1/2 tasse	375 ml
girolles	2 oz	60 g
moutarde forte	2 c. à soupe	30 ml
bouquet garni	1	1
gousse d'ail dégermée	1/2	1/2
beurre	2 c. à soupe	30 ml
crème à 35 %	2 c. à soupe	30 ml
sel et poivre		

Pavés de bar

pavés de bar d'environ 6 oz (180 g) chacun, sans la peau	2	2
tranches fines de pancetta	6	6

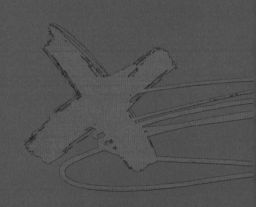

Velouté
- Faire mijoter les pommes de terre à découvert dans l'eau de source pendant 1 heure avec les girolles, la moutarde, le bouquet garni et l'ail.
- Retirer le bouquet garni, puis mélanger le tout au batteur électrique, en ajoutant le beurre et la crème. Saler et poivrer. Réserver au chaud.

Pavés de bar
- Enrouler les pavés de bar dans la pancetta.
- Les saisir environ 2 minutes de chaque côté, jusqu'à ce que la pancetta soit colorée. Mettre au four 10 minutes à 350 °F (180 °C) pour terminer la cuisson.
- Égoutter sur du papier absorbant. Arroser chaque pavé d'un trait de velouté.

Onctueux de risotto rouge et jambonnettes de grenouilles sautées au thym

2 portions | cuisson : 25 min | (H)

Jambonnettes de grenouilles

cuisses de grenouilles fraîches ou surgelées, décongelées	18	18
beurre	2 c. à soupe	30 ml
branche de thym entière	1/2	1/2
branche de thym hachée finement	1/2	1/2

Risotto

petit oignon, haché	1/2	1/2
beurre	2 c. à soupe	30 ml
riz arborio ou carnaroli	7 oz	200 g
vin rouge sec	1/3 tasse	80 ml
jus de betterave	4 c. à thé	20 ml
bouillon de volaille chaud	2 à 2 1/2 tasses	500 à 625 ml
parmesan râpé	1 3/4 oz	50 g
sel et poivre		

Préparation des jambonnettes
- Détacher la partie inférieure des cuisses de grenouilles vers le haut afin d'obtenir de petits pilons. Réserver tous les morceaux au frais.

Risotto
- Dans une casserole peu profonde, faire blondir l'oignon à feu moyen de 2 à 3 minutes dans 1 c. à soupe (15 ml) de beurre.
- Ajouter le riz et le faire revenir 1 minute en remuant pour bien l'enrober.
- Verser le vin et le jus de betterave et laisser réduire de moitié.
- Réduire à feu doux, mouiller avec environ 1/2 tasse (125 ml) de bouillon chaud et cuire en remuant continuellement jusqu'à complète absorption du liquide. Répéter l'opération jusqu'à ce que le riz soit cuit.
- Hors du feu, incorporer le reste du beurre et le parmesan. Saler et poivrer. Couvrir et réserver au chaud.

Cuisson des jambonnettes
- Faire fondre le beurre à feu vif avec la demi-branche de thym entière et cuire 30 secondes. Retirer la branche de thym.
- Faire sauter les jambonnettes 3 minutes avec le thym haché. Servir aussitôt avec le risotto.

Pieuvre braisée dans une cocotte lutée, poivre Malabar et romarin

2 portions | cuisson : 45 min | (HF)

Pieuvre

pieuvre d'environ 1 1/4 lb (625 g), fraîche ou surgelée, décongelée	1	1
tomates fraîches, en cubes	2	2
branche de romarin	1	1
grains de poivre Malabar ou de poivre noir	10	10
feuille de laurier	1	1
gousse d'ail entière, pelée	1	1
le zeste de 1/2 citron		

Lut

farine tout usage	1 lb	500 g
eau	1/4 tasse	60 ml

Pieuvre

- Si la pieuvre est fraîche, frapper chaque tentacule à l'aide d'un maillet pour en attendrir la chair. (Si elle est décongelée, inutile de l'attendrir.)
- Dans une cocotte munie d'un couvercle, déposer la pieuvre et tous les autres ingrédients.

Lut

- Mélanger petit à petit la farine et l'eau. Pétrir la pâte jusqu'à ce qu'elle soit homogène et souple.
- Rouler la pâte en un long boudin. Badigeonner d'eau le bord de la cocotte et du couvercle pour faciliter l'adhésion de la pâte. Poser le boudin de pâte tout autour de la cocotte, sur la jonction du récipient et du couvercle.
- Appuyer fermement sur le couvercle pour sceller le tout, puis mettre le plat au four à 300 °F (150 °C) de 40 à 45 minutes.
- Casser la pâte pour ouvrir la cocotte, retirer la pieuvre et séparer les tentacules.
- Transférer dans un plat de service et accompagner du bouillon de cuisson préalablement filtré.

Petite dégustation d'huîtres aux huiles d'agrumes

1 portion | cuisson : 5 min | repos : 24 h | (HF)

Huiles d'agrumes

huile d'olive de très bonne qualité	3 tasses	750 ml
le zeste et le jus de 2 citrons		
le zeste et le jus de 2 oranges		
le zeste et le jus de 2 mandarines		
sel et poivre		

Huîtres

huîtres, idéalement de quatre variétés différentes	12	12
fleur de sel		
poivre noir concassé		
curcuma		

Huiles d'agrumes
- Environ 24 heures avant la dégustation, chauffer l'huile à feu doux pendant 6 minutes, jusqu'à ce qu'elle soit tiède.
- La répartir dans trois bols.
- Dans chaque bol, incorporer le zeste et le jus d'un agrume différent. Saler légèrement et poivrer.
- Au mélangeur à main, mélanger pendant 30 secondes. Laisser reposer au frais, sans couvrir, pendant 24 heures.
- Filtrer.

Huîtres
- Ouvrir les huîtres.
- Sur chacune, verser un trait d'huile aromatique en variant les saveurs. Assaisonner certaines de fleur de sel, d'autres de poivre concassé, et d'autres encore de curcuma.

Pétoncles saisis à l'unilatérale, huîtres raidies au safran et coulis de grenade au gingembre

2 portions | cuisson : 5 min | (HF)

pétoncles de calibre U-10	2	2
huile d'olive	1 c. à soupe	15 ml
pistils de safran	5	5
la chair de 6 huîtres		
le jus de 1 grenade mûre		
gingembre frais, haché	1 c. à thé	5 ml
sel et poivre		

- Saler et poivrer les pétoncles. Dans une poêle antiadhésive, les saisir 1 minute dans l'huile à feu vif, sans les retourner. Retirer et réserver.
- Dans la poêle, cuire le safran et les huîtres 10 secondes pour raidir les huîtres. Retirer et réserver.
- Dans la même poêle, verser le jus de grenade et ajouter le gingembre. Laisser réduire de moitié, puis saler et poivrer.
- Filtrer le coulis et le remettre dans la poêle. Ajouter les huîtres et les pétoncles et réchauffer 20 secondes. Servir aussitôt.

Médaillons de lotte au safran et au poivre

2 portions | trempage : 10 min | cuisson : 20 min | (H)

pistils de safran	1 c. à thé	5 ml
eau tiède	1/4 tasse	60 ml
médaillons de lotte	9 oz	270 g
de 1 po (2,5 cm) d'épaisseur		
huile d'olive	2 c. à soupe	30 ml
poivron rouge pelé, en fines lanières	1	1
poivron jaune pelé, en fines lanières	1	1
poivron vert pelé, en fines lanières	1/2	1/2
petit oignon, haché finement	1	1
gousse d'ail hachée finement	1/2	1/2
vin blanc sec	1/4 tasse	60 ml
bouillon de légumes	1/4 tasse	60 ml
poivre noir concassé	1 c. à thé	5 ml

- Faire tremper le safran 10 minutes dans l'eau tiède.
- Entre-temps, dans un wok, faire sauter les médaillons de lotte 5 minutes dans l'huile à feu vif. Retirer et réserver au chaud.
- Dans le wok, faire sauter les poivrons, l'oignon et l'ail 3 minutes.
- Ajouter le vin et le bouillon et porter à ébullition.
- Réduire à feu moyen, ajouter le safran et le poivre, et cuire 5 minutes.
- Remettre la lotte dans le wok et poursuivre la cuisson 5 minutes. Servir aussitôt.

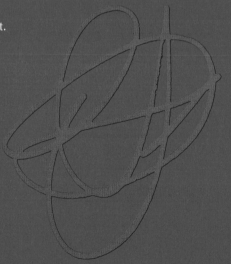

Soupe de morue à la vanille et à la verveine

2 portions | dessalage : 24 h | cuisson : 20 min | (HF)

filet de morue à dessaler	9 oz	270 g
lait	2 3/4 tasses	680 ml
feuilles de verveine	10	10
gousse de vanille fendue en deux sur la longueur	1	1
le jus de 1 citron		
huile d'olive de bonne qualité	5 c. à soupe	75 ml
poivre		

- Environ 24 heures avant de servir la soupe, rincer la morue et la laisser tremper dans l'eau froide, en changeant l'eau quatre ou cinq fois en tout et en rinçant chaque fois le poisson.
- Faire pocher la morue dans le lait 20 minutes à feu doux, avec la verveine et la gousse de vanille. Laisser tiédir 10 minutes hors du feu.
- Retirer la gousse de vanille et transférer la morue dans un bol, sans jeter le liquide de pochage.
- Écraser la morue à la fourchette, en la mouillant progressivement avec un peu de liquide de pochage, jusqu'à ce que la préparation soit onctueuse. Ajouter le jus de citron.
- Ajouter l'huile, poivrer et mélanger délicatement. Servir tiède avec du pain grillé.

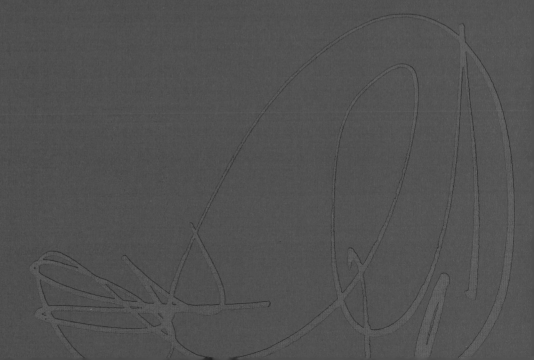

Fricassée de saumon au gingembre

2 portions | cuisson : 15 min | (HF)

jus de carotte	1/2 tasse	125 ml
jus d'orange	1/3 tasse	80 ml
le jus de 1/2 citron		
gingembre frais, haché finement	2 c. à thé	10 ml
vinaigre balsamique	1 c. à soupe	15 ml
beurre	1 c. à soupe	15 ml
filet de saumon frais, en cubes de 1 po (2,5 cm)	9 oz	270 g
sel et poivre		

- Porter à ébullition les jus de carotte, d'orange et de citron et laisser réduire de moitié à feu vif, environ 5 minutes.
- Ajouter le gingembre et le vinaigre balsamique. Cuire 3 minutes, jusqu'à ce que la sauce soit onctueuse.
- Ajouter le beurre et le saumon et poursuivre la cuisson à couvert 4 minutes à feu doux.
- Saler et poivrer. Servir aussitôt.

Salade de crevettes, d'orange et de céleri

2 portions | (HF)

branches de céleri	2	2
le jus de 1 orange		
cognac	1 c. à soupe	15 ml
ketchup	1 c. à soupe	15 ml
gouttes de sauce tabasco	4	4
mayonnaise	1 c. à soupe	15 ml
grosses crevettes, cuites et décortiquées	20	20
orange en suprêmes	1	1
sel et poivre		

- À l'aide d'un économe, prélever de grandes lanières de céleri. Les réserver dans un bol d'eau glacée.
- Fouetter énergiquement le jus d'orange, le cognac, le ketchup, la sauce tabasco et la mayonnaise. Saler et poivrer. Ajouter les crevettes et mélanger délicatement.
- Disposer les crevettes dans les assiettes et les couvrir des suprêmes d'orange et des lanières de céleri préalablement égouttées.

Cocotte de moules à la crème de moutarde et de coriandre

2 portions | cuisson : 10 min |

vin blanc sec	1/3 tasse	80 ml
crème à 35 %	1/3 tasse	80 ml
graines de moutarde	1 c. à soupe	15 ml
poivre noir concassé grossièrement	1/2 c. à soupe	7,5 ml
moules fraîches, lavées et ébarbées	8 tasses	2 L
coriandre hachée finement	3 c. à soupe	45 ml

- Porter à ébullition le vin et la crème.
- Ajouter les graines de moutarde et le poivre et laisser réduire de moitié à feu moyen, environ 2 minutes.
- Ajouter les moules et poursuivre la cuisson à couvert pendant 5 minutes, en remuant de temps à autre.
- Ajouter la coriandre et mélanger. Éteindre le feu.
- Laisser reposer 5 minutes à couvert. Servir très chaud.

Tartare de thon rouge, pulpe de raifort, miel et soya

2 portions | repos : 30 min | réfrigération : 20 min | (HF)

raifort en crème	1 c. à soupe	15 ml
miel	1 c. à soupe	15 ml
sauce soya	2 c. à soupe	30 ml
ciboulette hachée	1 c. à soupe	15 ml
oignon haché très finement	1 c. à soupe	15 ml
thon rouge très frais, en petits dés	7 oz	200 g
sel et poivre		

- Fouetter énergiquement le raifort, le miel, la sauce soya, la ciboulette et l'oignon. Laisser reposer 30 minutes à la température ambiante, sans couvrir.
- Ajouter le thon et mélanger délicatement. Saler et poivrer.
- Couvrir et réfrigérer 20 minutes avant de servir.

Thon en croûte d'épices

2 portions | cuisson : 5 min |

noix de muscade râpée	1 c. à thé	5 ml
pincée de clou de girofle moulu	1	1
fenugrec moulu	1 c. à thé	5 ml
cari	1 c. à thé	5 ml
ail haché	1 c. à thé	5 ml
chapelure	1/2 tasse	125 ml
morceaux de thon de 5 oz (150 g) chacun	2	2
blanc d'œuf battu	1	1
huile d'olive	2 c. à soupe	30 ml
le jus de 1 lime		
sel et poivre		

- Mélanger les épices, l'ail et la chapelure.
- Passer le thon dans le blanc d'œuf, saler et poivrer, puis le passer dans la chapelure aux épices.
- Cuire le thon pané 2 minutes de chaque côté dans l'huile à feu moyen. Arroser chaque portion de jus de lime.

Ceviche d'espadon

2 portions | marinade : 45 min | réfrigération : 5 min | (HF)

espadon très frais, en cubes de 1/2 po (1 cm)	9 oz	270 g
le jus de 1 citron		
oignons verts émincés	3	3
huile d'olive	3 c. à soupe	45 ml
tomate fraîche, en petits cubes	1	1
brins de coriandre hachés grossièrement	10	10
sel et poivre		

- Mélanger délicatement l'espadon, le jus de citron et les oignons verts. Saler et poivrer. Couvrir et laisser mariner 30 minutes au frais.
- Ajouter l'huile et la tomate. Laisser mariner 15 minutes à la température ambiante, sans couvrir.
- Ajouter la coriandre et mélanger délicatement. Réfrigérer 5 minutes avant de servir.

Bricks croustillants de tilapia au cari, au thym et à la courgette

2 portions | cuisson : 10 min | réfrigération : 15 min | (H)

courgette coupée en petits cubes	1	1
branches de thym hachées	2	2
cari	1/2 c. à soupe	7,5 ml
huile d'olive	2 c. à soupe	30 ml
filets de tilapia de 3 1/2 oz (100 g) chacun, coupés en lanières de 1 po (2,5 cm) de large	2	2
poudre de ginseng	1/2 c. à soupe	7,5 ml
feuilles de brick	2	2
œuf battu	1	1
sel et poivre		

- Faire sauter la courgette, le thym et le cari 2 minutes à feu moyen dans 1 c. à soupe (15 ml) d'huile. Saler et poivrer.
- Ajouter le tilapia et le ginseng et faire sauter délicatement 1 minute. Réfrigérer environ 15 minutes, jusqu'à ce que la préparation soit froide.
- Diviser la préparation en deux. Disposer les feuilles de brick sur un plan de travail et en badigeonner les bords d'œuf battu.
- Étendre la préparation sur la partie inférieure des feuilles de brick, puis rouler en rabattant les côtés vers l'intérieur de façon à obtenir un chausson hermétique.
- Cuire les bricks à feu moyen 3 minutes de chaque côté dans le reste de l'huile ou les placer sur une plaque et cuire au four à 375 °F (190 °C) pendant 5 minutes. Servir avec une salade acidulée.

Wok de crevettes
au poivre noir et au sel de mer

2 portions | cuisson : 5 min | (H)

crevettes de calibre 21-25, décortiquées	10 oz	300 g
poivre noir concassé grossièrement	2 c. à soupe	30 ml
sel de mer	1 c. à soupe	15 ml
fécule de maïs	2 c. à soupe	30 ml
huile végétale	2 c. à soupe	30 ml
ail écrasé	1 c. à soupe	15 ml
poivron rouge en fine julienne	1	1
poivre de Cayenne	1/2 c. à thé	2 ml

- Mélanger délicatement les crevettes, le poivre noir, le sel et la fécule.
- Faire sauter les crevettes 1 minute dans l'huile à feu vif.
- Ajouter l'ail, le poivron et le poivre de Cayenne et faire sauter 2 minutes. Accompagner de riz au jasmin et de sauce aux huîtres.

Viandes

Sauce demi-laque

miel	1 c. à soupe	15 ml
pistils de safran	10	10
fèves de cardamome	2	2
ou cardamome moulue	1/2 c. à thé	2 ml
bouillon de volaille	1 tasse	250 ml
fond de veau	3 c. à soupe	45 ml
sel et poivre		

Farce de fruits secs

petit oignon, haché finement	1/2	1/2
huile d'olive	2 c. à soupe	30 ml
pistils de safran	5	5
cari	1/2 c. à thé	2 ml
tomate émondée, épépinée	1	1
et concassée		
fruits secs	5 oz	150 g
(abricots, dattes, raisins, etc.)		
vin blanc doux	1/4 tasse	60 ml
bouillon de volaille	1/3 tasse	80 ml
noix concassées	2 c. à soupe	30 ml
amandes entières, écalées	1 3/4 oz	50 g

Suprêmes de pintade rôtis

suprêmes de pintade avec la peau	2	2
sel et poivre		

Suprêmes de pintade rôtis, farce de fruits secs au cari et demi-laque de safran

2 portions | cuisson : 1 h 20 min | (HF)

Sauce demi-laque
- Faire fondre le miel à feu doux.
- Ajouter le safran et la cardamome et cuire 1 minute.
- Mouiller avec le bouillon et le fond et laisser mijoter à feu moyen environ 20 minutes, jusqu'à ce que la sauce soit onctueuse.
- Saler et poivrer. Filtrer et réserver.

Farce de fruits secs
- Faire blondir l'oignon dans l'huile à feu moyen.
- Ajouter le safran, le cari, la tomate et les fruits secs et faire revenir 2 minutes.
- Ajouter le vin et le bouillon et laisser mijoter à feu doux environ 30 minutes, jusqu'à complète évaporation du liquide.
- Ajouter les noix et les amandes et mélanger délicatement.
- Prélever le tiers de cette farce et la faire refroidir. Réserver le reste de la farce.

Suprêmes de pintade
- Ouvrir les suprêmes en portefeuille. Les taper légèrement pour les aplatir. Saler et poivrer.
- Déposer un peu de farce refroidie au centre de chaque suprême et les rouler afin d'emprisonner la farce. Les enrouler dans une pellicule de plastique à quatre reprises en serrant bien.
- Les plonger dans l'eau bouillante 20 minutes, les sortir et retirer la pellicule de plastique.
- Faire colorer les suprêmes de tous les côtés dans un peu d'huile.
- Les badigeonner de sauce demi-laque et les mettre au four 5 minutes à 350 °F (180 °C) pour finir la cuisson. Servir accompagnés de la farce de fruits réservée et d'une larme de sauce.

Hamburgers de canard

magret de canard de 10 à 13 oz (300 à 400 g)	1	1
tranches de mie de pain grillées, détaillées à l'emporte-pièce rond de 2 po (5 cm) de diamètre	4	4
feuilles de roquette		
sel et poivre		

Jus nerveux

échalote française ciselée	1	1
sucre	1/2 c. à soupe	7,5 ml
vinaigre balsamique	1/4 tasse	60 ml
huile de noisette ou de noix	1/2 c. à soupe	7,5 ml

Compote d'oignons

miel	1 c. à soupe	15 ml
oignons moyens, en fines rondelles	3	3
branches de thym		
raifort en crème	1 c. à soupe	15 ml
bouillon de volaille	1/2 tasse	125 ml

Hamburgers de canard, compote d'oignons au raifort, feuilles de roquette et jus nerveux à l'huile de noisette

2 portions | cuisson : 25 min | (F)

Préparation du magret
- Chauffer une poêle antiadhésive à feu vif. Quadriller au couteau le côté gras du magret. Saler et poivrer. Poêler le magret à sec jusqu'à coloration du gras, le retourner et laisser cuire 1 minute.
- Transférer le magret dans un plat allant au four, côté gras au fond, et poursuivre la cuisson au four à 400 °F (200 °C) pendant 8 minutes pour une cuisson rosée. Retirer du four et couvrir de papier d'aluminium.

Jus nerveux
- Dégraisser la poêle et faire revenir l'échalote 1 minute à feu moyen.
- Ajouter le sucre et le vinaigre balsamique et laisser réduire 40 secondes à feu vif.
- Émulsionner au fouet avec l'huile de noisette. Réserver.

Compote d'oignons
- Faire fondre le miel à feu moyen.
- Ajouter les oignons et faire revenir 2 minutes.
- Ajouter le thym, le raifort et le bouillon et laisser mijoter à feu doux jusqu'à complète évaporation du bouillon.

Dressage
- Trancher finement le magret de canard.
- Garnir deux tranches de mie de pain de quelques feuilles de roquette, de 3 tranches de magret et de 1 c. à soupe (15 ml) de compote d'oignons. Couvrir des deux autres tranches de pain pour obtenir deux hamburgers.
- Arroser vos hamburgers d'un peu de jus nerveux.

Tartare d'agneau et de poires au poivre de la Jamaïque

2 portions | réfrigération : 20 min | (H)

filet d'agneau d'environ 7 oz (200 g)	1	1
jus de citron	1 c. à soupe	15 ml
le zeste de 1 citron		
miel	1 c. à soupe	15 ml
feuilles de menthe hachées	5	5
feuilles de basilic hachées	2	2
feuille de sauge hachée	1	1
poivre de la Jamaïque	1/2 c. à thé	2 ml
câpres hachées	1 c. à thé	5 ml
jaune d'œuf	1	1
huile d'olive	2 c. à soupe	30 ml
poires mûres mais fermes, en petits dés	2	2
sel		

- Trancher le filet d'agneau en fines lanières puis en petits cubes. Réserver.
- Dans un bol, mélanger le jus et le zeste de citron, le miel, la menthe, le basilic, la sauge et le poivre de la Jamaïque. Saler.
- Ajouter les câpres, le jaune d'œuf et l'huile d'olive et fouetter énergiquement.
- Incorporer délicatement les dés de poires et les cubes d'agneau.
- Réfrigérer 20 minutes avant de servir.

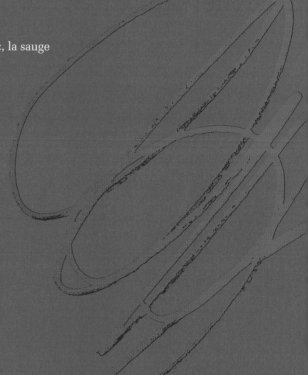

Cailles

cailles royales	2	2
cognac	1/2 tasse	125 ml
poivre		

Sauce

huile d'olive	2 c. à soupe	30 ml
farine	1 c. à soupe	15 ml
pâte de tomates	1 c. à soupe	15 ml
carotte hachée grossièrement	1	1
branche de céleri, hachée grossièrement	1	1
petit oignon, haché grossièrement	1	1
bouquet garni	1	1
eau très froide	2 tasses	500 ml
sel et poivre		

Paupiettes

poivre moulu	1/2 c. à thé	2 ml
cannelle moulue	1/4 c. à thé	1 ml
cardamome moulue	1/4 c. à thé	1 ml
sel de Guérande	1/2 c. à thé	2 ml
foie gras de canard frais	1 1/2 oz	45 g
grandes feuilles de bette à carde ou d'épinards	4	4
noisette de beurre	1	1
branches d'épinette lavées	8	8

Poitrines de cailles comme des paupiettes cuites à la vapeur d'épinette et surprise de foie gras à la cannelle

2 portions | réfrigération : 3 h | cuisson : 1 h | Ⓕ

Préparation des cailles
- Prélever les poitrines des cailles (réserver les carcasses pour la sauce; conserver les cuisses pour une autre recette).
- Les placer dans un bol, les poivrer et les arroser du cognac. Réfrigérer 3 heures.

Sauce
- Concasser les carcasses des cailles. Les faire sauter à feu vif dans l'huile.
- Ajouter la farine et la pâte de tomates et cuire 5 minutes à feu vif.
- Ajouter les légumes et poursuivre la cuisson 3 minutes.
- Ajouter le bouquet garni, verser l'eau et laisser mijoter 30 minutes à feu moyen.
- Filtrer la sauce, saler, poivrer et réserver au chaud.

Paupiettes
- Dans un bol, mélanger le poivre, la cannelle, la cardamome et le sel de Guérande.
- Couper le foie gras en deux tranches de 1/2 po (1 cm) et les passer dans les épices.
- Blanchir les feuilles de bette à carde 30 secondes à l'eau bouillante légèrement salée et les refroidir aussitôt dans de l'eau glacée. Les égoutter et les éponger avec du papier absorbant.
- Sur le plan de travail, disposer les feuilles de bette à carde de façon à former deux rectangles de 10 po x 6 po (25 cm x 15 cm).
- Au centre de chaque rectangle, déposer 1 poitrine de caille, la chair vers le haut. Placer 1 tranche de foie gras dessus et couvrir de l'autre poitrine, la chair vers le bas. Bien refermer les paupiettes et les fixer à l'aide d'un cure-dents.
- Faire revenir les paupiettes à feu moyen dans le beurre 2 minutes de chaque côté. Réserver.
- Tapisser de branches d'épinette le fond d'un poêlon allant au four (avec couvercle). Placer les paupiettes dessus et recouvrir d'épinette.
- Cuire au four, à couvert, de 10 à 12 minutes à 400 °F (200 °C).
- Retirer délicatement les paupiettes et filtrer le jus de cuisson.
- Servir les paupiettes nappées de sauce et de jus de cuisson. Accompagner de bette à carde sautée à sec et de haricots verts à l'huile de noix.

Jus réglissé

huile d'olive	2 c. à soupe	30 ml
carotte en gros dés	1	1
oignon en gros dés	1	1
branche de céleri en gros dés	1	1
blanc de poireau en gros dés	1/2	1/2
grains de poivre long	5	5
bâton de réglisse coupé en morceaux	1	1
ou étoiles de badiane (anis étoilé)	4	4
bâton de cannelle du Sri Lanka	1/4	1/4
vin rouge tannique	1 1/4 tasse	310 ml
fond de gibier ou de veau	1 1/4 tasse	310 ml
sel et poivre		

Filet de cerf

noix de cola	2 oz	60 g
pistaches	2 oz	60 g
mie de pain	1 tasse	250 ml
thym frais, haché	1 c. à soupe	15 ml
filet de cerf de 1 lb (500 g)	1	1
beurre fondu	2 c. à soupe	30 ml
huile d'olive	1 c. à soupe	15 ml
beurre	1 c. à soupe	15 ml
sel et poivre		

Noisettes de cerf en fine croûte de noix de cola et pistaches, jus réglissé

2 portions | cuisson : 1 h | (H)

Jus réglissé
- Dans une casserole, chauffer l'huile à feu vif et saisir les parures de cerf, s'il y en a.
- Ajouter les légumes et les épices et faire revenir 2 minutes.
- Ajouter le vin et laisser réduire de moitié.
- Mouiller avec le fond et laisser cuire 30 minutes à feu doux.
- Filtrer le jus. Saler, poivrer et réserver au chaud.

Filet de cerf
- Au robot, hacher finement les noix de cola avec les pistaches.
- Ajouter la mie de pain et le thym et réduire en pâte homogène.
- Étaler finement la pâte au rouleau à pâtisserie.
- Badigeonner le filet de cerf du beurre fondu, saler, poivrer et l'envelopper dans la pâte de noix.
- Dans une poêle, chauffer l'huile et le beurre à feu moyen jusqu'à ce que le mélange devienne mousseux. Déposer délicatement le filet et cuire 5 minutes à feu doux. Retourner le filet et poursuivre la cuisson 5 minutes à feu vif.
- Mettre au four 10 minutes à 400 °F (200 °C) pour finir la cuisson.
- Trancher le filet en noisettes et servir arrosé de jus réglissé.

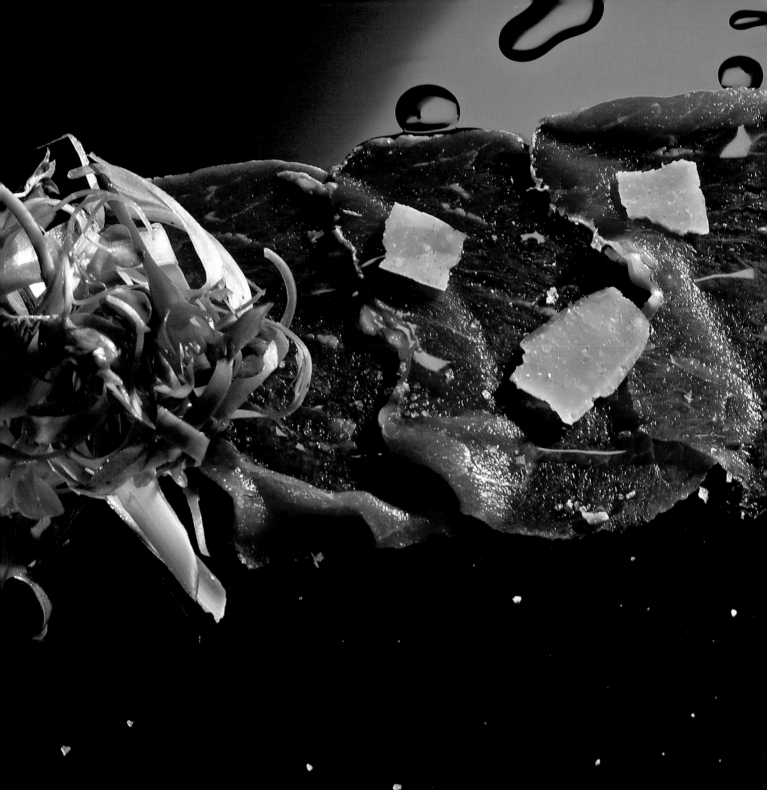

Carpaccio de bœuf, petite salade d'asperges et huile de sarriette

2 portions | cuisson : 5 min | réfrigération : 30 min | (HF)

huile d'olive	1 1/4 tasse	310 ml
bouquets de sarriette	2	2
le jus de 1/2 citron		
filet mignon ou noix de ronde, tranché finement	7 oz	200 g
grosses asperges	8	8
copeaux de parmesan ou tranches de vieux cheddar		
sel et poivre		

- La veille, chauffer l'huile 5 minutes à feu doux et laisser tiédir.
- Au mélangeur à main, hacher finement la sarriette pendant 1 minute en incorporant l'huile tiède en filet. Réserver au frais.
- Le jour même, filtrer l'huile de sarriette dans une passoire très fine ou un filtre à café. Ajouter le jus de citron, saler et poivrer.
- Disposer les tranches de bœuf dans deux assiettes froides. Saler, poivrer légèrement et arroser d'un filet d'huile de sarriette.
- Couvrir les assiettes et réfrigérer les carpaccios 30 minutes.
- À l'aide d'un économe, prélever de larges rubans sur les asperges.
- Assaisonner les rubans d'asperges d'huile de sarriette et les disposer au centre des carpaccios. Servir très frais en ajoutant quelques copeaux de parmesan ou de fines tranches de vieux cheddar.

Carré d'agneau
aux gousses d'ail et au romarin

2 portions | cuisson : 25 min | (HF)

carré d'agneau de 10 à 12 oz (300 à 375 g)	1	1
feuilles de laurier	2	2
branches de thym	3	3
branches de romarin	6	6
gousses d'ail en chemise	6	6
sel et poivre		

- Dans un plat allant au four, déposer le carré d'agneau, le côté peau sur le dessus, puis ajouter les feuilles de laurier.
- Frotter la viande avec les herbes, saler, poivrer et ajouter les gousses d'ail.
- Cuire sous le gril du four pendant 10 minutes.
- Retourner le carré, réduire la température du four à 350 °F (180 °C) et poursuivre la cuisson 10 minutes. Réserver au chaud.
- Déglacer le plat de cuisson avec un peu d'eau. Porter le liquide à ébullition quelques minutes, puis filtrer. Servir le carré d'agneau avec ce jus aromatique.

Déroulés de magret de canard à la cannelle et à la muscade

2 portions | repos : 15 min | cuisson : 15 min |

magret de canard d'environ 13 oz (400 g)	1	1
branches de thym hachées	2	2
cannelle moulue	1/2 c. à thé	2 ml
muscade moulue	1/2 c. à thé	2 ml
graines de moutarde blanche	1/2 c. à soupe	7,5 ml
moutarde blanche	1 c. à soupe	15 ml
sel et poivre		

- Quadriller au couteau le côté gras du magret de canard sans entamer la viande. Couper le magret en deux sur la longueur. Ouvrir chaque partie en portefeuille.
- Mélanger tous les autres ingrédients. Saler et poivrer.
- Badigeonner généreusement la chair des morceaux de magret de cette préparation et laisser reposer 15 minutes à la température ambiante.
- Rouler les morceaux de magret sur eux-mêmes, le gras à l'extérieur, et les ficeler fermement ou les fixer avec des piques en bois.
- Dans une poêle ou sur le barbecue, les cuire 15 minutes à feu moyen en les retournant régulièrement.
- Trancher et servir accompagnés de haricots verts.

Poitrines de poulet de grain aux épices et compotée de fruits

2 portions | cuisson : 30 min | (HF)

poitrines de poulet de grain	2	2
de 7 à 8 oz (200 à 250 g) chacune, avec la peau		
cannelle moulue	1 c. à thé	5 ml
coriandre fraîche, hachée	2 c. à soupe	30 ml
cari	1 c. à thé	5 ml
graines de cumin	1 c. à thé	5 ml
poivre noir concassé	1 c. à thé	5 ml
le jus de 1 citron		
eau	1 c. à soupe	15 ml
gingembre frais, haché	1 c. à soupe	15 ml
abricots frais, coupés en deux et dénoyautés	4	4
poire pelée, en quartiers	1	1
pomme pelée, en quartiers	1	1
beurre	1 c. à soupe	15 ml
sel		

- Dans un plat allant au four légèrement huilé, déposer les poitrines de poulet. Les saupoudrer de cannelle, de coriandre, de cari, de cumin et de poivre. Saler, arroser de jus de citron et d'eau.
- Cuire au four à 375 °F (190 °C) pendant 20 minutes en les arrosant régulièrement du jus de cuisson. Réserver au chaud.
- Cuire le gingembre, les abricots, la poire et la pomme dans le beurre 10 minutes à couvert, à feu doux. Servir les poitrines de poulet avec cette compotée de fruits bien chaude.

Jarrets d'agneau au miel, au safran et au yogourt

2 portions | cuisson : 1 h 20 min | (HF)

jarrets d'agneau d'environ 8 oz (250 g) chacun	2	2
huile végétale	3 c. à soupe	45 ml
échalotes françaises hachées	2	2
oignon blanc haché	1	1
gousses d'ail hachées	3	3
miel	2 c. à soupe	30 ml
pistils de safran	20	20
cardamome moulue	1 c. à thé	5 ml
vin blanc sec	1/2 tasse	125 ml
yogourt nature	5 c. à soupe	75 ml
coriandre fraîche		
sel et poivre		

- Faire colorer les jarrets d'agneau dans l'huile à feu moyen.
- Ajouter les échalotes, l'oignon et l'ail et faire revenir quelques minutes.
- Ajouter le miel, le safran, la cardamome, le vin et la moitié du yogourt. Réduire à feu doux et laisser mijoter 1 heure 15 minutes à couvert en nappant régulièrement les jarrets de la sauce.
- Lorsque la viande se détache des os, retirer délicatement les jarrets et les réserver au chaud.
- Verser le reste du yogourt dans la sauce, saler et poivrer. Augmenter à feu moyen et laisser réduire de moitié. Filtrer la sauce.
- Servir les jarrets très chauds nappés de sauce et garnis de coriandre fraîche.

Épaule de veau saisie au miel et aux pistaches

4 portions | cuisson : 25 min | (HF)

épaule de veau désossée	2 lb	1 kg
gousses d'ail coupées en deux	3	3
pistaches concassées	1/4 tasse	60 ml
feuilles de menthe hachées	10	10
miel	2 c. à soupe	30 ml
vin blanc sec	1/2 tasse	125 ml
safran moulu	1 c. à soupe	15 ml
ou pistils de safran	10	10
sel et poivre		

- Piquer l'épaule de veau de la moitié des gousses d'ail. Saler et poivrer.
- Déposer la viande dans une lèchefrite et cuire au four à 400 °F (200 °C) pendant 15 minutes.
- Hacher le reste de l'ail et le mélanger aux pistaches et aux feuilles de menthe. Réserver.
- Mélanger le miel, le vin et le safran.
- Sortir la viande du four et jeter le gras de cuisson.
- Arroser la viande du mélange miel-vin-safran et poursuivre la cuisson au four 10 minutes.
- Retirer la viande du four et la parsemer du mélange ail-pistaches-menthe.
  Couvrir de papier d'aluminium et laisser reposer 5 minutes avant de servir.

Noisettes de porc rôties aux pommes et à la cardamome

2 portions | cuisson : 20 min | (HF)

vin blanc sec	1/4 tasse	60 ml
pommes pelées, en gros quartiers	2	2
échalotes françaises hachées finement	2	2
cardamome moulue	1 c. à thé	5 ml
huile végétale	1 c. à soupe	15 ml
beurre	1 c. à soupe	15 ml
filet de porc de 12 oz (375 g), coupé en six médaillons	1	1
crème à 35 %	1/4 tasse	60 ml
sel et poivre		

- Dans une casserole, porter à ébullition le vin avec les pommes, les échalotes et la cardamome. Retirer du feu, réserver les pommes et filtrer le liquide.
- Dans une poêle, chauffer l'huile et le beurre à feu moyen jusqu'à ce que le mélange devienne mousseux. Saler et poivrer les médaillons de porc et les faire revenir environ 3 minutes de chaque côté. Retirer la viande et jeter le gras de cuisson.
- Déglacer avec le liquide des pommes et porter à ébullition.
- Verser la crème, puis ajouter les médaillons et les pommes réservées. Réduire à feu moyen et laisser mijoter environ 3 minutes de chaque côté.

Bœuf rôti aux aromates

2 portions | cuisson : 20 min | (H)

gousses d'ail hachées	2	2
feuilles de basilic hachées	5	5
tomates séchées hachées	1 c. à soupe	15 ml
persil haché	1 c. à soupe	15 ml
poivre noir concassé	1 c. à soupe	15 ml
marjolaine hachée	1 c. à soupe	15 ml
moutarde blanche	1 c. à soupe	15 ml
beurre mou	1 c. à soupe	15 ml
sel	1/2 c. à thé	2 ml
rosbif ou contre-filet de bœuf	1 lb	500 g
chapelure	3 c. à soupe	45 ml

- Mélanger énergiquement tous les ingrédients, sauf la viande et la chapelure.
- Enrober le rosbif de cette préparation, puis le rouler dans la chapelure en pressant suffisamment pour qu'elle adhère bien.
- Cuire au four à 400 °F (200 °C) pendant 20 minutes.
- Couvrir de papier d'aluminium et laisser reposer 5 minutes avant de servir.

Carré de porcelet déguisé

2 portions | cuisson : 40 min | (HF)

champignons blancs émincés	1 tasse	250 ml
huile végétale	2 c. à soupe	30 ml
beurre mou	2 c. à soupe	30 ml
persil haché	2 c. à soupe	30 ml
thym haché	2 c. à soupe	30 ml
sauge hachée	2 c. à soupe	30 ml
ail haché	2 c. à soupe	30 ml
moutarde blanche	1 c. à soupe	15 ml
carré de porcelet (4 côtes)	1	1
tranches de prosciutto	6	6
sel et poivre		

- Faire sauter les champignons dans l'huile environ 3 minutes à feu vif. Saler, poivrer et égoutter en réservant le jus de cuisson.
- Dans un bol, mélanger le beurre, le persil, le thym, la sauge, l'ail et la moutarde.
- Ajouter les champignons égouttés et mélanger de nouveau.
- Enrober la partie supérieure du carré de porcelet de cette préparation, le barder avec les tranches de prosciutto et le ficeler.
- Cuire au four à 400 °F (200 °C) pendant 35 minutes en arrosant régulièrement la viande du jus de cuisson des champignons.
- Couvrir de papier d'aluminium et laisser reposer 15 minutes avant de servir.

Cailles rôties aux carottes, au miel et à la verveine

2 portions | cuisson : 25 min | (HF)

carottes nouvelles, en tronçons	4	4
gousse d'ail hachée	1	1
petit oignon, haché	1	1
huile d'olive	3 c. à soupe	45 ml
cailles de 10 oz (300 g) chacune, coupées en quatre	2	2
miel	1 c. à soupe	15 ml
thym haché	1 c. à soupe	15 ml
verveine infusée	1 tasse	250 ml
sel et poivre		

- Faire revenir les carottes, l'ail et l'oignon dans l'huile à feu vif sans les colorer. Réserver les carottes.
- Faire colorer les cailles à feu vif de tous les côtés.
- Ajouter le miel, le thym et les carottes réservées. Saler, poivrer et mouiller avec la verveine.
- Réduire à feu doux et cuire à couvert de 15 à 20 minutes. Saler et poivrer si nécessaire. Servir bien chaud.

Poulet aux arachides,
au lait de coco et à la coriandre

2 portions | cuisson : 20 min | (HF)

poitrines de poulet désossées et sans la peau, coupées en gros cubes	1 lb	500 g
fécule de maïs	2 c. à soupe	30 ml
huile de canola	2 c. à soupe	30 ml
beurre d'arachide	1 c. à soupe	15 ml
lait de coco	1/2 tasse	125 ml
poivre de Cayenne	1 c. à thé	5 ml
coriandre hachée	3 c. à soupe	45 ml
le jus de 1 lime		
brins de coriandre		
sel et poivre		

- Saler et poivrer les cubes de poulet, puis les passer dans la fécule.
- Dans un wok ou une sauteuse, faire colorer les cubes de poulet de tous les côtés, dans l'huile à feu vif.
- Ajouter le beurre d'arachide, mouiller avec le lait de coco et cuire 10 minutes à feu moyen (ajouter de l'eau si la sauce épaissit trop).
- Incorporer le poivre de Cayenne et la coriandre, et poursuivre la cuisson 5 minutes.
- Servir le poulet arrosé du jus de lime et parsemé de brins de coriandre.

Foie gras et huîtres en robe de chou, figue et miel

2 portions | cuisson : 6 min | (HF)

grosses feuilles de chou frisé ou de chou de Savoie, blanchies et refroidies	4	4
escalopes de foie gras frais de 3 1/2 oz (100 g) chacune	4	4
figue fraîche, coupée en quatre tranches	1	1
miel	1 c. à soupe	15 ml
la chair de 4 huîtres charnues		
fleur de sel		
poivre noir concassé		

- Retirer la nervure centrale des feuilles de chou et les étendre sur du papier absorbant.
- Au centre de chaque feuille, déposer 1 escalope de foie gras, 1 tranche de figue, un peu de miel et la chair de 1 huître.
- Replier les deux bords des feuilles de chou vers l'intérieur et les rouler sur elles-mêmes afin de former des bourses hermétiques.
- Déposer les bourses de foie gras dans un plat allant au four, ajouter un peu d'eau et couvrir de papier d'aluminium.
- Cuire au four à 400 °F (200 °C) pendant 6 minutes. Servir aussitôt saupoudrées de fleur de sel et de poivre noir concassé.

Mignons d'autruche,
jus de café et de chocolat épicé

2 portions | cuisson : 25 min | (HF)

échalotes françaises hachées finement	3	3
grains de café entiers	5	5
beurre	1 c. à soupe	15 ml
poivre de la Jamaïque	1/2 c. à thé	2 ml
cardamome moulue	1/2 c. à thé	2 ml
muscade moulue	1/2 c. à thé	2 ml
bouillon de bœuf	1 tasse	250 ml
chocolat amer haché	2 c. à soupe	30 ml
filets mignons d'autruche de 5 oz (150 g) chacun	2	2
huile de canola	1 c. à soupe	15 ml
sel		

- Faire revenir les échalotes et les grains de café dans le beurre 3 minutes à feu vif.
- Ajouter les aromates, mouiller avec le bouillon et laisser réduire de moitié, environ 15 minutes. Incorporer le chocolat et retirer du feu.
- Au mélangeur à main, bien mélanger la sauce, puis la filtrer et la mettre à chauffer à feu doux.
- Pendant ce temps, saler les filets mignons d'autruche et les saisir à feu vif dans l'huile 2 minutes de chaque côté. Servir accompagnés de sauce chocolatée onctueuse.

Jarrets de porc laqués à l'érable et aux épices

2 portions | cuisson : 4 h 25 min | (HF)

jarrets de porc d'environ 8 oz (250 g) chacun	2	2
bâton de cannelle	1	1
feuilles de céleri	10	10
grains de poivre noir	10	10
clous de girofle	4	4
muscade moulue	1 c. à thé	5 ml
carotte en gros cubes	1	1
blanc de poireau en tronçons	1	1
bouillon de volaille	8 tasses	2 L
sirop d'érable	1/2 tasse	125 ml
beurre	2 c. à soupe	30 ml
le jus de 1 citron		

- Dans une casserole allant au four, mettre les jarrets de porc, la cannelle, les feuilles de céleri, le poivre, les clous de girofle, la muscade, la carotte et le poireau.
- Couvrir du bouillon et cuire au four, à couvert, à 250 °F (120 °C) pendant 4 heures.
- Lorsque la viande se détache des os, retirer délicatement les jarrets et les réserver au chaud dans un plat allant au four. Jeter le bouillon.
- Porter à ébullition le sirop d'érable avec le beurre et le jus de citron. Badigeonner les jarrets de cette laque.
- Poursuivre la cuisson des jarrets au four à 400 °F (200 °C) pendant 15 minutes en les arrosant régulièrement de leur jus de cuisson.
- À la sortie du four, laisser réduire le jus de cuisson jusqu'à ce qu'il n'en reste que quelques cuillerées. Filtrer et servir comme sauce d'accompagnement.

Gravlax de bœuf extra-fort

2 portions | réfrigération : 24 h | (H)

gros sel de mer	2 lb	1 kg
grains de poivre noir	3 c. à soupe	45 ml
graines de moutarde blanche	3 c. à soupe	45 ml
aneth haché	3 c. à soupe	45 ml
piments extra-forts frais	2	2
(jalapeño, langue d'oiseau, etc.), hachés		
ou sambal œlek	1 c. à thé	5 ml
le zeste de 1 orange		
le zeste de 1 citron		
filet de bœuf	8 oz	250 g
huile d'olive		

- Mélanger le gros sel avec les aromates et les zestes.
- Dans un plat, étendre une partie de ce mélange, poser le filet de bœuf dessus et couvrir du reste du mélange de gros sel.
- Couvrir le plat et réfrigérer 24 heures.
- Le lendemain, gratter le surplus de sel et d'aromates avec une brosse, puis trancher finement le filet. Servir arrosé d'un trait d'huile d'olive.

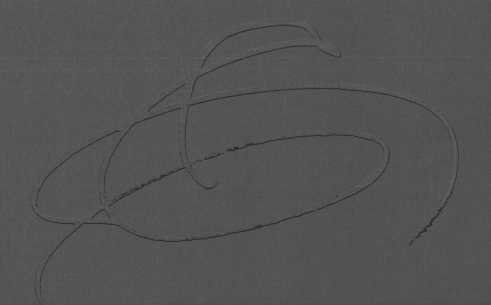

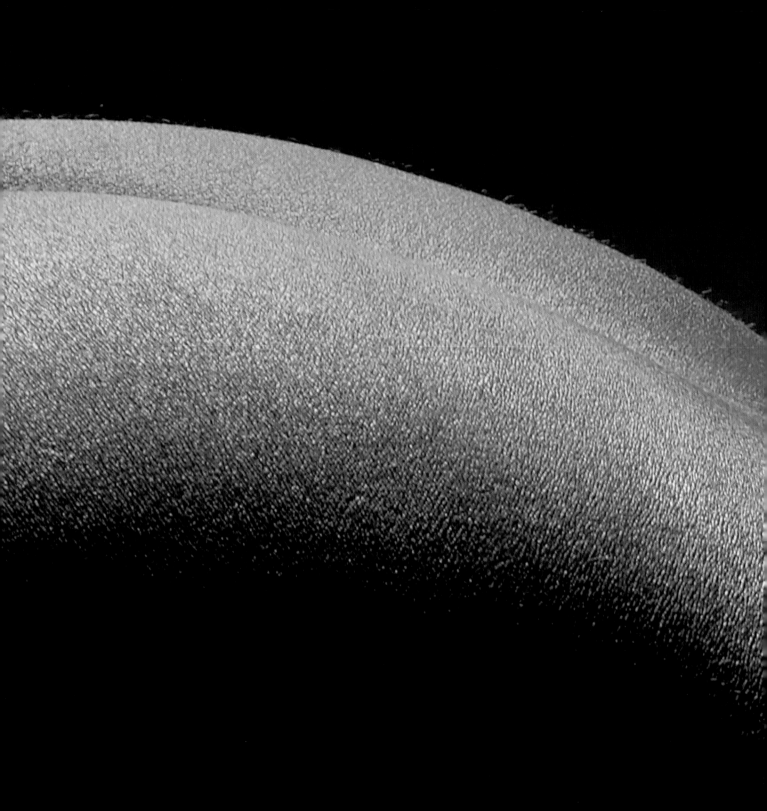

Légumes

et compagnie

Fricassée de champignons

portobellos	2	2
morilles	6	6
girolles	6	6
petits shiitake frais	6	6
mousserons ou champignons blancs	18	18
huile de canola ou de tournesol		
noix de beurre	1	1
sel et poivre		

Espuma

pain de campagne au levain	3 1/2 oz	100 g
ou chapelure de pain	1/4 tasse	60 ml
échalote française	1	1
finement ciselée		
noix de beurre	1	1
crème à 35 %	4 c. à soupe	60 ml
bouillon de légumes	1 c. à soupe	15 ml
feuilles de gélatine	2	2
ou sachet de 7 g de gélatine	1/2	1/2
en poudre		
sel et poivre vert de Sichuan		
finement moulu		

Œufs brouillés

œufs	2	2
pelures de truffe	1 c. à soupe	15 ml
crème à 35 %	2 c. à soupe	30 ml
brins de ciboulette	2	2
finement ciselés		
sel et poivre		

Fricassée de nobles champignons, œufs brouillés à la truffe et espuma de pain brûlé

2 portions | cuisson : 20 min | (H)

Fricassée
- Essuyer tous les champignons avec un linge humide, les équeuter et les assécher.
- Couper chaque portobello à l'horizontale de façon à obtenir deux tranches rondes de 1/4 po (5 mm) d'épaisseur.
- Poêler les portobellos à feu vif dans un peu d'huile 30 secondes de chaque côté. Saler, poivrer et réserver au chaud.
- Faire sauter le reste des champignons dans le beurre à feu moyen, une variété à la fois, sans trop les cuire. Récupérer chaque fois le jus de cuisson. Réserver au chaud.

Espuma
- Cuire le pain au four à 350 °F (180 °C) jusqu'à ce qu'il soit doré.
- L'écraser en fine chapelure et le passer au tamis fin. Réserver.
- Dans une casserole, faire suer l'échalote dans le beurre.
- Verser la crème, le bouillon et le jus de cuisson des champignons, saler et poivrer.
- Porter à ébullition et laisser bouillir 3 minutes.
- Ajouter la chapelure et laisser réduire du quart.
- Pendant ce temps, préparer la gélatine selon la méthode indiquée sur l'emballage. L'ajouter à la préparation chapelure-crème-bouillon. Fouetter énergiquement et verser dans un siphon.
- Laisser refroidir le mélange complètement à la température ambiante en secouant le siphon de temps à autre avant de mettre la cartouche de gaz.

Œufs brouillés
- Dans une poêle froide légèrement beurrée, casser les œufs. Ajouter les pelures de truffe et la crème, saler et poivrer. Chauffer à feu doux en remuant constamment jusqu'à coagulation des œufs.
- Ajouter la ciboulette.

Dressage
- Dans un emporte-pièce rond de 3 po (8 cm) de diamètre, déposer 1 tranche de portobello et couvrir de 2 c. à soupe (30 ml) d'œufs brouillés. Ajouter le quart des champignons sautés, tasser légèrement et retirer l'emporte-pièce.
- Répéter l'opération trois fois.
- Secouer vigoureusement le siphon, tête en bas, et dresser un bel espuma de pain brûlé.

Mousse de lait

lait à 3,25 %	2 tasses	500 ml
branches de sarriette hachées finement	2	2
feuilles de gélatine	2	2
ou sachet de 7 g de gélatine en poudre	1/2	1/2
sel et poivre		

Velouté

céleri-branche (feuilles surtout)	1 3/4 lb	875 g
épinards frais	3 1/2 oz	100 g
œufs mollets (départ à l'eau bouillante, cuisson 6 minutes dans la coquille)	2	2
huile d'olive	2 c. à soupe	30 ml
sel et poivre long ou poivre blanc		

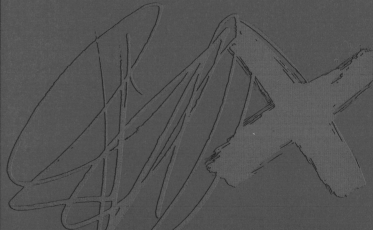

Velouté de céleri-branche et mousse de lait à la sarriette

4 portions | cuisson : 20 min | réfrigération : 30 min |

Mousse de lait

- Dans une casserole, chauffer le lait à feu doux.
- Ajouter la sarriette et laisser réduire de moitié. Saler, poivrer et filtrer.
- Pendant ce temps, préparer la gélatine selon la méthode indiquée sur l'emballage. L'ajouter à la préparation lait-sarriette. Porter à ébullition, laisser bouillir 30 secondes et fouetter énergiquement.
- Réfrigérer 30 minutes en fouettant toutes les 5 minutes jusqu'à complet refroidissement de manière à obtenir une mousse très onctueuse.

Velouté

- Blanchir le céleri à l'eau bouillante légèrement salée, 2 minutes pour les branches et 30 secondes pour les feuilles. Les refroidir aussitôt à l'eau glacée pour qu'elles restent al dente.
- Procéder de la même manière avec les épinards (les blanchir 30 secondes).
- À la centrifugeuse, extraire le jus du céleri et des épinards afin d'obtenir de 1 à 1 1/4 tasse (250 à 310 ml) de liquide. Réserver.
- Au mélangeur à main, mixer les œufs mollets, verser progressivement le jus des légumes, puis l'huile en filet. Saler et poivrer.
- Passer au chinois étamine et réserver au chaud (sans faire bouillir).

Dressage

- Pour chaque portion, au centre d'une assiette, placer un emporte-pièce rond de 1 1/4 po (3 cm) de diamètre. Le remplir de mousse de lait, puis verser le velouté tout autour.
- Retirer l'emporte-pièce et servir.

Tomates Cœur de bœuf, sorbet tomate-coriandre et shooter de jus de tomate à la salsepareille

2 portions | cuisson : 10 min | réfrigération : 20 min | congélation : 5 min | (HF)

Sorbet

tomates fraîches	1 1/2 lb	750 g
sucre	1 c. à soupe	15 ml
eau	1 c. à soupe	15 ml
bouquet de coriandre	1/4	1/4
pincée de sel	1	1
blanc d'œuf monté en neige ferme	1	1

Garniture aux tomates

tomates Cœur de bœuf (Berkshire)	2	2
sel et poivre rouge de Sichuan		

Jus de tomate

jus de tomate frais (à la centrifugeuse)	3/4 tasse	180 ml
huile d'olive	1 c. à soupe	15 ml
feuilles de salsepareille	5	5
gouttes de sauce Tabasco	3	3
sel		

Sorbet
- Retirer le pédoncule des tomates, inciser la peau en croix sur le côté opposé et les blanchir 30 secondes à l'eau bouillante. Les refroidir à l'eau glacée, les peler et les épépiner.
- Dans une casserole, porter à ébullition le sucre et l'eau pour en faire un sirop. Laisser refroidir.
- Au mélangeur à main, mixer la pulpe des tomates avec la coriandre, le sel et le sirop refroidi.
- Incorporer délicatement le blanc d'œuf en neige et transférer la préparation dans une sorbetière. À cette étape, suivre la méthode indiquée par le fabricant.

Garniture
- Couper chaque tomate Cœur de bœuf en 3 tranches sur la largeur. Saler légèrement et saupoudrer de poivre de Sichuan. Réserver 20 minutes au frais sur du papier absorbant.

Jus de tomate
- Au mélangeur à main, mixer tous les ingrédients. Passer au chinois étamine et réserver au frais.

Dressage
- Pour chaque portion, dans une assiette, déposer 1 tranche de tomate Cœur de bœuf et garnir de 1 c. à soupe (15 ml) de sorbet. Répéter l'opération une fois, terminer avec la dernière tranche de tomate, puis placer au congélateur 5 minutes. Servir avec le jus de tomate présenté dans un shooter.

Mayonnaise au thé vert

jaune d'œuf	1	1
poudre de thé vert	1 c. à thé	5 ml
moutarde de Dijon	1 c. à thé	5 ml
sucre	1/2 c. à thé	2 ml
huile d'arachide	5 c. à soupe	75 ml
vinaigre de riz	1 c. à soupe	15 ml
eau tiède	2 c. à soupe	30 ml
sel et poivre		

Rouleaux de printemps

grosse papaye verte, en fine julienne	1/4	1/4
carotte moyenne, en fine julienne	1	1
poivron rouge en très fines lanières	1/2	1/2
radis noir, haché finement	1	1
zeste de lime	1/2 c. à soupe	7,5 ml
jus de citron	1 c. à soupe	15 ml
sambal œlek	1/2 c. à thé	2 ml
arachides non salées grillées, hachées	1 oz	30 g
crêpes de riz	6	6
feuilles de shiso ou de basilic thaï	6	6
feuilles de coriandre	6	6
feuilles de menthe ciselées	4	4
sel		

Riz au jasmin

riz au jasmin	1/2 tasse	125 ml
eau de source	1 1/2 tasse	375 ml
gouttes d'huile de jasmin	5	5
pétales de rose	20	20

Rouleaux de printemps à la papaye verte et aux arachides, riz au jasmin aux pétales de rose, mayonnaise légère au thé vert

2 portions | réfrigération : 15 min | cuisson : 15 min | repos : 6 min | Ⓕ

Mayonnaise
- Dans un bol, mélanger le jaune d'œuf, la poudre de thé, la moutarde et le sucre.
- Verser l'huile en filet en fouettant énergiquement.
- Ajouter le vinaigre de riz, saler, poivrer, puis allonger à l'eau tiède. Réserver au frais.

Rouleaux de printemps
- Dans un bol, mélanger la papaye, la carotte, le poivron et le radis avec le zeste de lime, le jus de citron et le sambal œlek. Couvrir et réfrigérer 15 minutes.
- Bien égoutter la préparation, puis ajouter les arachides. Saler légèrement et mélanger.
- Plonger les crêpes de riz quelques secondes dans l'eau tiède pour les ramollir. Les égoutter sur du papier absorbant sans les superposer.
- Déposer au centre de chacune une poignée de la préparation papaye-carotte, 1 c. à thé (5 ml) de mayonnaise au thé vert, ou plus si désiré, et 1 feuille chacun de shiso et de coriandre. Parsemer de menthe.
- Tasser légèrement la garniture, rabattre les deux côtés de la crêpe et rouler fermement. Souder le bord avec un peu d'eau. Couvrir d'une pellicule de plastique et réserver au frais.

Riz au jasmin
- Rincer le riz à l'eau froide jusqu'à ce que l'eau soit claire.
- Faire bouillir l'eau de source, ajouter le riz et cuire à découvert de 12 à 15 minutes à feu moyen, jusqu'à absorption complète du liquide.
- Retirer du feu, couvrir et laisser reposer 6 minutes en égrenant régulièrement le riz avec une fourchette. Ajouter l'huile de jasmin et les pétales de rose.
- Napper les rouleaux de printemps d'un filet de mayonnaise au thé vert. Accompagner de riz au jasmin.

Pissaladière

filets d'anchois dessalés	4	4
gousse d'ail non pelée	1	1
huile d'olive	2 c. à soupe	30 ml
oignons blancs émincés	7 oz	200 g
pincée de sucre	1	1
pincée de piment d'Espelette	1	1
sel		

Oignons au four

oignons Vidalia entiers de 2 po (5 cm) de diamètre, débarrassés de leurs racines	2	2
branche de thym	1	1
sel de Guérande et poivre		
huile d'olive		

Cœurs de laitue

beurre	1 c. à soupe	15 ml
cœurs de laitue romaine	2	2
moutarde de Dijon	1 c. à thé	5 ml
jus de citron	1 c. à soupe	15 ml
clou de girofle	1	1
eau	1 tasse	250 ml
graines de coriandre	6	6
huile d'olive	2 c. à soupe	30 ml
sel et poivre		

Oignons au four, garniture comme une pissaladière et purée de cœurs de romaine braisés à la moutarde

2 portions | cuisson : 1 h 50 min | (HF)

Pissaladière
- Dans une casserole à fond épais, faire revenir les filets d'anchois et la gousse d'ail dans l'huile 2 minutes à feu doux.
- Ajouter les oignons, le sucre et le piment d'Espelette et saler.
- Cuire à feu doux pendant 1 heure, en remuant régulièrement, jusqu'à ce que les oignons aient fondu (ils ne doivent pas se colorer). Réserver au chaud.

Oignons
- Déposer les oignons sur du papier d'aluminium. Saler au sel de Guérande, poivrer, arroser d'un trait d'huile et ajouter le thym. Fermer en papillote.
- Cuire au four à 275 °F (135 °C) pendant 45 minutes.
- La cuisson terminée, couper le haut des oignons et en extraire la pulpe en conservant la pelure externe.
- Mélanger cette pulpe à la pissaladière et garnir les oignons de cette préparation. Réserver au chaud.

Cœurs de laitue
- Dans une sauteuse, faire fondre le beurre à feu moyen. Ajouter les cœurs de laitue, la moutarde, le jus de citron, le clou de girofle, l'eau et les graines de coriandre. Saler et poivrer. Cuire à demi couvert jusqu'à complète évaporation de l'eau.
- Retirer le clou de girofle et les graines de coriandre, puis mixer au robot pour obtenir une purée lisse.
- Ajouter l'huile en filet, saler et poivrer. Servir aussitôt avec les oignons farcis.

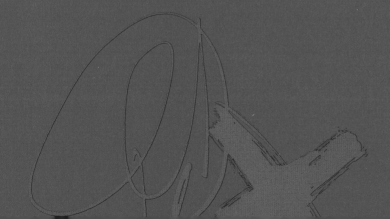

Poivrons farcis

lait	1 c. à soupe	15 ml
crème à 35 %	1 c. à soupe	15 ml
truffe noire hachée grossièrement	1 oz	30 g
mie de pain de campagne au levain, en cubes	3 1/2 oz	100 g
échalote française ciselée	1/2	1/2
beurre	1 c. à thé	5 ml
épinards hachés	1 tasse	250 ml
blanc d'œuf	1	1
poivrons bananes (Early Sweet Banana)	2	2
sel et poivre		
huile d'olive		

Huile au chocolat

chocolat noir de Tanzanie ou de Cuba	3/4 oz	20 g
muscade moulue	1 c. à thé	5 ml
huile de pépins de raisin	2 c. à soupe	30 ml
sel et poivre, au goût		

Poivrons longuement rôtis, farce fine de truffe noire et huile parfumée au chocolat muscadé

2 portions | cuisson : 45 min | repos : 20 min | Ⓗ

Poivrons farcis
- Chauffer le lait à feu vif avec la crème, puis y plonger la truffe. Saler, poivrer, retirer du feu et laisser infuser 6 minutes.
- Verser cette préparation chaude dans un bol contenant la mie de pain. Laisser reposer 15 minutes.
- Pendant ce temps, faire suer l'échalote dans le beurre sans la colorer.
- Ajouter les épinards et les faire tomber 20 secondes.
- Incorporer les légumes et le blanc d'œuf au mélange de mie de pain et bien malaxer (le mélange doit être homogène). Réserver à la température ambiante.
- Au gaz : Piquer une grande fourchette au niveau du pédoncule des poivrons. Les faire griller au-dessus de la flamme en les tournant petit à petit jusqu'à ce que leur peau soit noircie.
- Au four : Cuire les poivrons dans une lèchefrite sous le gril du four de 5 à 8 minutes en les retournant régulièrement jusqu'à ce que leur peau soit noircie.
- Peler aussitôt les poivrons sous un filet d'eau froide. Leur couper un chapeau sur le sommet, les épépiner et les farcir de pain à la truffe. Tasser légèrement la préparation et bien refermer les poivrons avec les chapeaux.
- Les disposer dans un plat, les arroser d'un filet d'huile et cuire au four à 250 °F (120 °C) pendant 30 minutes. Réserver au chaud.

Huile au chocolat
- Au bain-marie, faire fondre le chocolat avec la muscade, le sel et le poivre.
- Verser le chocolat fondu dans un bol et l'émulsionner avec l'huile au mélangeur à main.
- Servir les poivrons farcis arrosés de quelques gouttes d'huile au chocolat.

Chèvre mariné et tomates séchées

branche de romarin effeuillée et hachée finement	1	1
huile d'olive	2 c. à soupe	30 ml
fromage de chèvre Sainte-Maure, pas trop fait	2 oz	60 g
tomates séchées	6	6
eau tiède	1/2 tasse	125 ml

Artichauts au bouillon

eau	2 tasses	500 ml
le zeste de 1 orange		
le jus de 1 citron		
grains de poivre noir	6	6
feuille de laurier	1	1
artichauts moyens	6 à 8	6 à 8
sel		
huile d'olive		

Vinaigrette aux herbes fines

branche d'origan effeuillée	1/2	1/2
branche de sarriette effeuillée	1/2	1/2
branche de thym effeuillée	1/2	1/2
feuilles de basilic	4	4
feuilles de menthe	2	2
vinaigre balsamique de qualité	1 c. à soupe	15 ml
huile d'olive	5 c. à soupe	75 ml
échalote française hachée finement	1/2	1/2
piment de Cayenne		
sel		

Pressé de fonds d'artichauts, de chèvre Sainte-Maure mariné au romarin et de tomates séchées, vinaigrette aux herbes fines

2 portions | cuisson : 35 min | repos : 2 h | réfrigération : 5 h |

Chèvre mariné et tomates séchées
- La veille, mélanger le romarin et l'huile.
- Enrober le fromage de chèvre de cette préparation et bien l'envelopper d'une pellicule de plastique. Réserver au frais.
- Le jour même, réhydrater les tomates séchées 6 minutes dans l'eau tiède. Les égoutter et les émincer finement.

Artichauts
- Le jour même, mélanger l'eau, le zeste d'orange, le jus de citron, les grains de poivre et le laurier. Saler. Porter à ébullition et laisser mijoter 10 minutes à feu doux.
- Prélever le fond des artichauts, les plonger aussitôt dans le bouillon chaud et cuire de 12 à 15 minutes à feu moyen. Lorsqu'ils sont al dente, les refroidir aussitôt à l'eau glacée.
- Laisser refroidir le bouillon complètement et y remettre les fonds d'artichauts.

Vinaigrette
- Au mélangeur à main, mixer tous les ingrédients. Rectifier l'assaisonnement et laisser reposer 2 heures à la température ambiante.
- Filtrer et réserver.

Dressage
- Dans un moule de votre choix d'environ 2 po (5 cm) de hauteur, verser un peu d'huile d'olive.
- Émincer les fonds d'artichauts et en tapisser le fond du moule. Ajouter de fines rondelles de fromage de chèvre et quelques tomates séchées. Répéter l'opération jusqu'en haut du moule.
- Cuire au four à 350 °F (180 °C) pendant 10 minutes.
- À la sortie du four, couvrir le moule d'une plaque et poser dessus un poids d'au moins 2 lb (1 kg). Laisser reposer au réfrigérateur au moins 5 heures. Démouler et servir avec la vinaigrette.

Gnocchis de pommes de terre, pétales de tomates confites à l'ail doux et parfum de muscade

2 portions | cuisson : 45 min | repos : 1 h | Ⓗ

Pétales de tomates

gousses d'ail écrasées légèrement	2	2
huile d'olive de qualité	4/5 tasse	200 ml
branche de thym	1	1
tomates fermes (1 verte et 1 rouge), coupées en six quartiers chacune	2	2

Gnocchis

pommes de terre Idaho avec la pelure	10 oz	300 g
farine	3 c. à soupe	45 ml
œufs	2	2
parmesan râpé	1 c. à soupe	15 ml
pincée de noix de muscade râpée	1	1
feuilles de basilic ciselées	3 ou 4	3 ou 4
sel et poivre		

Pétales de tomates
- Dans une casserole, cuire les gousses d'ail dans l'huile avec le thym 30 minutes à feu très doux. Retirer du feu.
- Plonger les quartiers de tomates dans l'huile aromatique et laisser reposer pendant 1 heure. Les retirer délicatement. Au besoin, les épépiner et les peler. Réserver au frais.
- Au mélangeur à main, mixer l'huile aromatique, puis la filtrer.

Gnocchis
- Cuire les pommes de terre à l'eau bouillante légèrement salée jusqu'à ce qu'elles soient tendres. Éplucher et réduire en purée dans un tamis ou au moulin à légumes. Incorporer la farine, les œufs, le parmesan et la muscade. Saler, poivrer et mélanger sans trop travailler la pâte.
- Sur une planche farinée, façonner la pâte en boudins de 1/2 po (1 cm) de diamètre et détailler en tronçons de 1/2 à 1 po (1 à 2 cm).
- Cuire les gnocchis à l'eau bouillante salée jusqu'à ce qu'ils remontent à la surface (environ 3 minutes). Les refroidir aussitôt à l'eau glacée et bien égoutter.
- Dans une poêle bien chaude et légèrement huilée, faire rissoler les gnocchis jusqu'à ce qu'ils soient bien colorés. Ajouter les pétales de tomates et le basilic. Servir aussitôt accompagnés de l'huile aromatique.

Fricassée de légumes du printemps au jus d'ail rôti au safran, parsemée de fleurs et de jeunes pousses

2 portions | cuisson : 45 min | (HF)

Variez les légumes selon les disponibilités de la saison. Toutes les déclinaisons sont bonnes!

Jus d'ail rôti

têtes d'ail non pelées	2	2
échalotes françaises non pelées	2	2
bouillon de légumes	1 1/2 tasse	375 ml
bouquet garni	1	1
clou de girofle	1	1
pistils de safran	5	5

Fricassée de légumes

mini-carottes jaunes	2	2
mini-carottes orange	2	2
mini-carottes rouges	2	2
panais pelé, en tronçons	1	1
petits radis	2	2
petits pâtissons verts	2	2
petits pâtissons jaunes	2	2
mini-courgettes	2	2
asperges	2	2
petits pois frais	2 c. à soupe	30 ml
haricots verts	6	6
pois mange-tout	6	6
huile d'olive	2 c. à soupe	30 ml
sel et poivre		
fleurs et jeunes pousses comestibles, au goût		

Jus d'ail

- Cuire l'ail et les échalotes au four à 350 °F (180 °C) de 30 à 35 minutes. Extraire la pulpe, la réduire en purée à la fourchette et réserver au chaud.
- Pendant ce temps, chauffer le bouillon avec le bouquet garni, le clou de girofle et le safran 10 minutes à feu moyen. Retirer le bouquet garni et laisser réduire le bouillon de moitié.
- Mettre la purée ail-échalotes dans un chinois étamine, verser le bouillon dessus et réserver au chaud.

Fricassée

- Blanchir les légumes les uns après les autres de 1 à 2 minutes à l'eau bouillante légèrement salée. Les refroidir aussitôt à l'eau glacée pour qu'ils restent croquants.
- Les faire sauter dans l'huile de 3 à 4 minutes à feu vif, puis déglacer avec le jus d'ail. Saler et poivrer.
- Servir la fricassée parsemée de fleurs et de jeunes pousses.

Hoummos, crème d'ail

2 portions | cuisson : 10 min | Ⓗ

pois chiches en conserve, égouttés et rincés	7 oz	200 g
feuilles de laurier	2	2
petit oignon, haché	1	1
branche de céleri hachée	1	1
gousses d'ail écrasées	3	3
le jus de 1 citron		
huile d'olive		
sel et poivre		

- Déposer les pois chiches, le laurier, l'oignon et le céleri dans une casserole, couvrir d'eau à hauteur et cuire 10 minutes à feu doux.
- Retirer le laurier et égoutter la préparation en réservant la moitié du liquide de cuisson.
- Réduire l'ail et la préparation de pois chiches en purée à la fourchette, puis ajouter le jus de citron et le liquide de cuisson réservé.
- Poursuivre en versant en filet suffisamment d'huile pour obtenir une purée crémeuse. Saler et poivrer.
- Servir tiède ou froid accompagné de croûtons de pain.

Gaspacho de tomates,
poivre de Cayenne et curcuma

2 portions | cuisson : 4 min | réfrigération : 3 h | (H)

tomates émondées, en cubes	6	6
poivron rouge en petits dés	1	1
concombre pelé et épépiné	1/2	1/2
oignons verts hachés	2	2
gousse d'ail hachée	1	1
poivre de Cayenne	1/2 c. à thé	2 ml
curcuma en poudre	1/2 c. à thé	2 ml
vinaigre balsamique ou de vin rouge	1 c. à soupe	15 ml
huile d'olive		
sel		

- Faire revenir à sec les tomates et le poivron 4 minutes à feu vif. Laisser refroidir.
- Au mélangeur à main, mixer cette préparation avec tous les autres ingrédients (ajouter un peu d'eau si nécessaire).
- Réfrigérer 3 heures avant de servir.

Soupe de tomates froide épicée

2 portions | réfrigération : 12 h | (HF)

tomates bien mûres	2 lb	1 kg
oignon haché	1	1
branches de persil	5	5
poivron rouge évidé	1	1
mie de pain frais	3 1/2 oz	100 g
branches de thym effeuillées	2	2
branches de romarin effeuillées	2	2
muscade moulue	1/2 c. à thé	2 ml
vinaigre de xérès	4 c. à soupe	60 ml
oignons verts hachés finement		
sel et poivre		

- Au robot, mixer tous les ingrédients pendant 2 minutes, sauf les oignons verts. Saler et poivrer. Filtrer et réfrigérer toute une nuit.
- Servir la soupe très froide parsemée d'oignons verts.

Sauté de courge
à la verveine et au safran

2 portions | repos : 20 min | cuisson : 5 min | macération : 12 h | (HF)

courge en fines lamelles	1 lb	500 g
huile d'olive	4 c. à soupe	60 ml
gousse d'ail hachée	1	1
feuilles de verveine	2 c. à soupe	30 ml
pistils de safran	10	10
miel	1 c. à thé	5 ml
gelée royale	1/2 c. à soupe	7,5 ml
vinaigre de riz	2 c. à soupe	30 ml
eau	2 c. à soupe (environ)	30 ml (environ)
sel		

- Sur du papier absorbant, étaler les lamelles de courge, les saupoudrer de sel et les laisser dégorger 20 minutes.
- Dans une poêle, faire colorer la courge à feu moyen dans 2 c. à soupe (30 ml) d'huile. Laisser égoutter sur du papier absorbant.
- Dans la même poêle, laisser frémir l'ail 2 minutes dans le reste de l'huile avec la verveine, le safran, le miel, la gelée royale, le vinaigre de riz et l'eau.
- Filtrer cette préparation et la verser sur la courge. Laisser macérer toute une nuit au frais avant de servir.

Soufflés au parmesan, au cheddar et à la muscade

4 portions | cuisson : 40 min | (H)

beurre	3 c. à soupe	45 ml
farine	3 c. à soupe	45 ml
lait	1 tasse	280 ml
	+ 2 c. à soupe	
noix de muscade râpée	1 c. à thé	5 ml
poivre de Cayenne	1/2 c. à thé	2 ml
thym frais, haché finement	1 c. à soupe	15 ml
parmesan râpé	2 oz	60 g
cheddar râpé	3 1/2 oz	100 g
œufs, blancs et jaunes séparés	4	4

- Dans une casserole, faire fondre le beurre à feu moyen. Ajouter la farine et cuire 3 minutes en remuant au fouet. Ajouter le lait, la muscade, le poivre de Cayenne et le thym. Porter à légère ébullition sans cesser de remuer.
- Incorporer le parmesan et le cheddar et poursuivre la cuisson 2 minutes. Retirer du feu.
- Monter les blancs d'œufs en neige ferme.
- En remuant énergiquement, incorporer l'un après l'autre 3 des jaunes d'œufs à la préparation de fromage.
- Incorporer délicatement les blancs en neige, puis ajouter le dernier jaune.
- Répartir la préparation dans des moules à soufflé légèrement beurrés.
- Cuire au four à 375 °F (190 °C) pendant 35 minutes. Servir sans tarder.

Émulsion de fenouil et de pamplemousse au gingembre

Excellente soupe, cette émulsion peut également servir d'accompagnement aux plats de poisson.

2 portions |

bulbe de fenouil	1	1
le jus de 1/2 pamplemousse		
gingembre frais, râpé	1 c. à soupe	15 ml
miel	1 c. à thé	5 ml
huile d'olive	2 c. à soupe	30 ml
sel et poivre		

- Retirer la première couche du bulbe de fenouil et le couper en gros morceaux. Garder quelques feuilles pour la décoration.
- Mettre le fenouil et tous les autres ingrédients dans le récipient du robot. Saler et poivrer.
- Mixer pendant 1 minute, passer au tamis et rectifier l'assaisonnement. Conserver au frais.

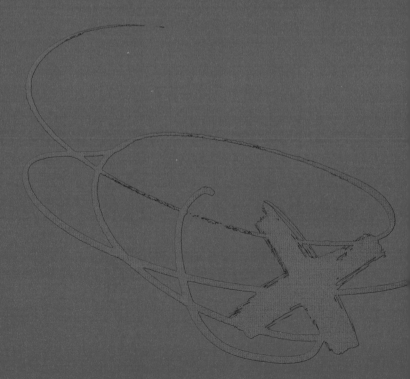

Petit bortsch carvi, safran et gingembre

2 portions | cuisson : 50 min | (HF)

betteraves en petits cubes	3	3
huile végétale	1 c. à soupe	15 ml
feuilles de chou frisé, en petits carrés	5	5
petit oignon, haché	1	1
bouillon de volaille	4 tasses	1 L
gingembre frais, haché	1 c. à soupe	15 ml
carvi	1 c. à soupe	15 ml
pistils de safran	10	10
pommes de terre en petits cubes	2	2
pomme en petits cubes	1	1
sel et poivre		

- Dans une casserole, faire revenir les betteraves dans l'huile 5 minutes à feu moyen.
- Ajouter le chou et l'oignon et poursuivre la cuisson 2 minutes.
- Mouiller avec le bouillon, puis ajouter le gingembre, le carvi et le safran. Porter à ébullition et laisser mijoter 30 minutes à feu doux.
- Ajouter les pommes de terre, saler, poivrer et laisser mijoter 5 minutes de plus.
- Ajouter la pomme et poursuivre la cuisson 5 minutes. Servir aussitôt.

Velouté d'asperges
à la menthe

2 portions | cuisson : 40 min | (H)

asperges épluchées	1 lb	500 g
petit oignon, haché finement	1	1
huile végétale	1 c. à soupe	15 ml
bouillon de légumes	1/2 tasse	125 ml
feuilles de menthe	10	10
feuilles de céleri	10	10
œufs pochés 5 minutes dans de l'eau vinaigrée	2	2
sel et poivre		

- Blanchir les pointes d'asperges 2 minutes à l'eau bouillante salée. Les refroidir à l'eau glacée et les égoutter. Réserver.
- Faire revenir l'oignon et les tiges d'asperges dans l'huile à feu vif sans les colorer.
- Ajouter le bouillon et cuire 30 minutes à feu moyen.
- Hors du feu, incorporer la menthe et les feuilles de céleri.
- Au mélangeur à main, mixer le tout. Filtrer, saler et poivrer.
- Chauffer le velouté à feu très doux. Ajouter les pointes d'asperges et les œufs pochés et servir aussitôt.

Salade de tomates cerises et de fraises, émulsion vanille-gingembre

2 portions | repos : 30 min | réfrigération : 10 min | (F)

Émulsion

gousse de vanille fendue en deux sur la longueur	1	1
huile d'olive	2 c. à soupe	30 ml
vinaigre balsamique de qualité	1 c. à soupe	15 ml
cassonade	1 c. à soupe	15 ml
gingembre frais, haché	1 c. à soupe	15 ml

Salade

fraises équeutées et coupées en deux	3/4 tasse	180 ml
tomates cerises équeutées et coupées en deux	1 tasse	250 ml
fleur de sel		
poivre noir concassé		

Émulsion
- Racler l'intérieur de la gousse de vanille. Dans un bol, mélanger les graines obtenues avec les autres ingrédients de l'émulsion. Battre énergiquement et laisser reposer 30 minutes.

Salade
- Incorporer délicatement les fraises et les tomates cerises à l'émulsion vanille-gingembre.
- Saler, poivrer et réfrigérer environ 10 minutes avant de servir.

Taboulé d'ananas, estragon, sauge et ciboulette

2 portions | repos : 30 min | (HF)

le jus de 1 citron
le zeste de 1 lime

huile d'olive	2 c. à soupe	30 ml
eau froide	3 c. à soupe	45 ml
couscous moyen	1 tasse	250 ml
ananas frais, en petits cubes	1/2 tasse	125 ml
estragon frais, haché	1 c. à soupe	15 ml
sauge fraîche, hachée	1 c. à soupe	15 ml
ciboulette fraîche, hachée	1 c. à soupe	15 ml

sel et poivre

- Dans un bol, mélanger le jus de citron, le zeste de lime, l'huile, l'eau et le couscous. Saler, poivrer et laisser gonfler 30 minutes.
- Incorporer l'ananas et les herbes. Rectifier l'assaisonnement si nécessaire et servir très frais.

Salade de céleri,
vinaigrette de raifort à l'anis

2 portions | repos : 10 min | (HF)

branches de céleri	5	5
raifort en crème	1 c. à soupe	15 ml
poudre d'anis	1/2 c. à thé	2 ml
huile d'olive	4 c. à soupe	60 ml
miel	1 c. à soupe	15 ml
crème à 35 %	2 c. à soupe	30 ml
noix de Grenoble, noix de pin, noisettes, au goût		
fromage bleu émietté	1/4 tasse	60 ml
feuilles de céleri	10	10
sel et poivre		

- Prélever de larges rubans sur les branches de céleri à l'aide d'un économe. Les réserver dans un bol d'eau glacée.
- Dans un bol, fouetter énergiquement le raifort avec l'anis, l'huile et le miel. Saler et poivrer.
- Ajouter la crème et laisser reposer la vinaigrette 10 minutes.
- Égoutter les rubans de céleri et les mélanger délicatement à la vinaigrette.
- Parsemer la salade de noix, de fromage et de feuilles de céleri. Servir frais.

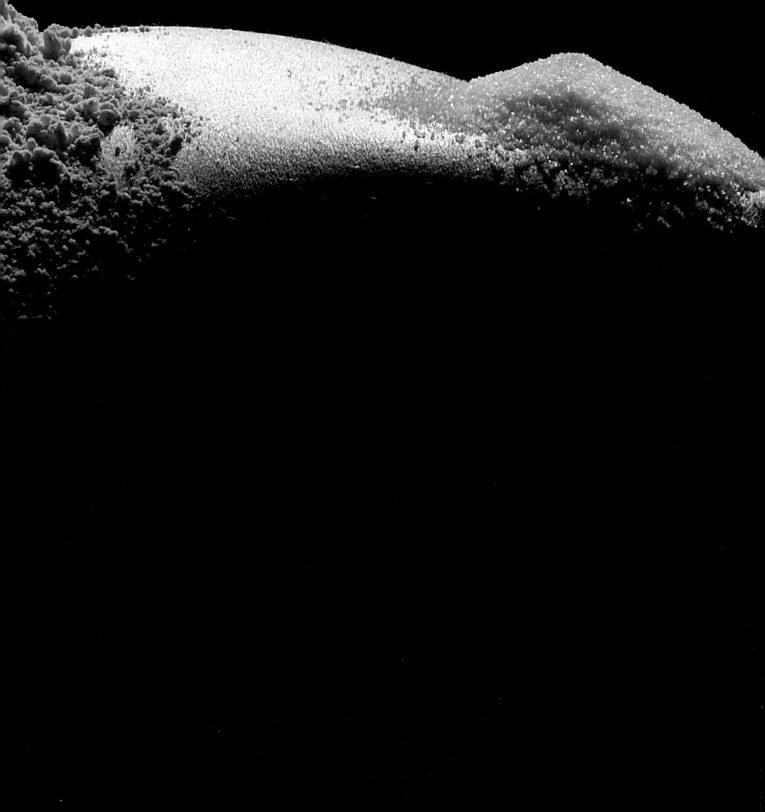

Desserts

Charlottes glacées aux fraises, onctueux de champagne à la purée de marrons vanillée et coulis de chocolat noir

Donne 2 charlottes | cuisson : 5 min | congélation : 2 h | (HF)

Charlottes glacées

sucre	5 c. à soupe	75 ml
eau	2 c. à soupe	30 ml
jaunes d'œufs	2	2
champagne	4 c. à soupe	60 ml
crème de marrons vanillée	1 c. à soupe	15 ml
crème à 35 %, fouettée	1/3 tasse	80 ml
fraises bien mûres, équeutées et coupées en deux	10	10

Coulis de chocolat

chocolat noir Saint-Domingue (70 %), râpé	1 oz	30 g
crème à 35 %	2 c. à soupe	30 ml

Charlottes
- Porter à ébullition le sucre et l'eau, et cuire sans remuer de façon à obtenir un caramel à 234 °F (112 °C) (si vous n'avez pas de thermomètre à bonbons, compter 3 minutes à partir de l'ébullition).
- Verser le caramel bouillant sur les jaunes d'œufs et fouetter continuellement au batteur électrique jusqu'à complet refroidissement du mélange.
- Fouetter le champagne avec la crème de marrons, puis incorporer progressivement le mélange de caramel refroidi.
- Ajouter la crème fouettée en remuant délicatement.
- Placer deux cercles à pâtisserie de 3 po (8 cm) de diamètre sur une plaque ou une assiette. Tapisser la paroi des cercles de demi-fraises, la partie coupée des fruits vers l'extérieur.
- Garnir le centre de la préparation de marrons et mettre 2 heures au congélateur.

Coulis
- Au bain-marie, faire fondre le chocolat dans la crème en remuant. Réserver au chaud.
- Démouler délicatement les charlottes sur des assiettes en appliquant un linge très chaud sur le pourtour des cercles. Accompagner de coulis de chocolat chaud et de champagne rosé.

Onctueux de fruit de la passion au gingembre

2 portions | réfrigération : 7 h | (HF)

Onctueux

feuilles de gélatine	2	2
ou sachet de 7 g de gélatine en poudre	1/2	1/2
pulpe de fruit de la passion	3/4 tasse	180 ml
gingembre frais, râpé finement	1 c. à thé	5 ml
lait concentré sucré	3/4 tasse	180 ml

Garniture

feuille de gélatine	1	1
ou sachet de 7 g de gélatine en poudre	1/3	1/3
pulpe de fruit de la passion	1/2 tasse	125 ml

Onctueux
- Préparer la gélatine selon la méthode indiquée sur l'emballage. Réserver.
- Fouetter la pulpe de fruit de la passion avec le gingembre et le lait concentré. Incorporer la gélatine en remuant énergiquement.

Garniture
- Préparer la gélatine selon la méthode indiquée sur l'emballage.
- Incorporer la gélatine à la pulpe de fruit de la passion.
- Répartir le tiers du mélange de lait concentré dans deux verres très hauts, ajouter un peu de la garniture au fruit de la passion et réfrigérer 1 heure.
- Répéter l'opération deux fois. Réfrigérer au moins 5 heures avant de servir.

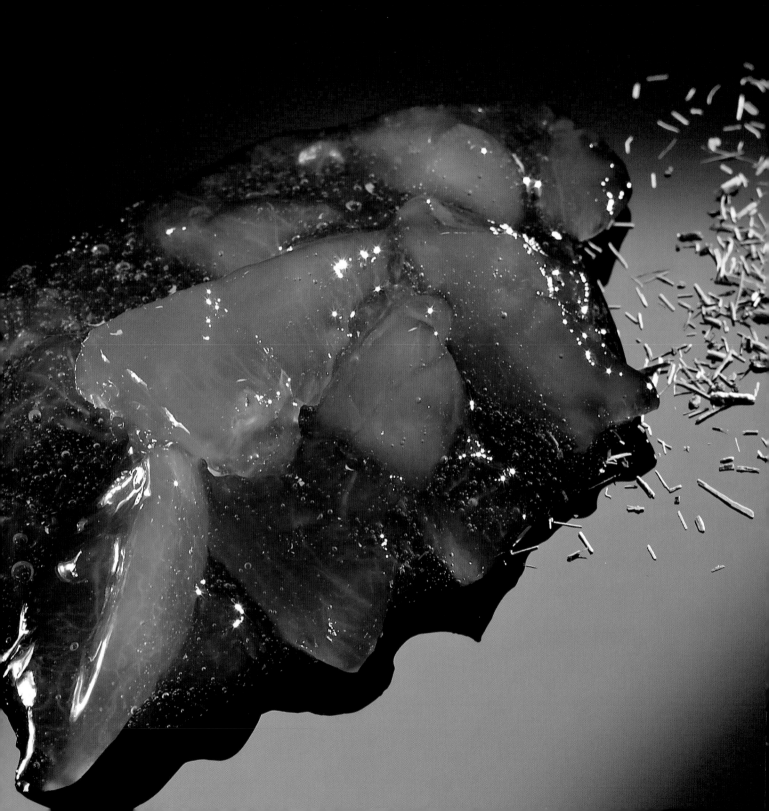

Confiture de pêches au thé de ginseng

Donne 1 tasse (250 ml) | cuisson : 45 min |

pêches à chair jaune	2 tasses	500 ml
thé au ginseng infusé	2 tasses	500 ml
sucre	1 1/4 tasse	310 ml

- Blanchir les pêches 1 minute, les peler, les dénoyauter et les couper en gros quartiers.
- Porter à ébullition le thé et le sucre. Réduire à feu moyen et poursuivre la cuisson 8 minutes à découvert. Ajouter les pêches et laisser compoter 20 minutes à feu doux.
- Retirer les fruits et réserver. Laisser réduire le sirop de moitié à feu moyen.
- Remettre les fruits dans le sirop et poursuivre la cuisson 15 minutes à feu doux. Réfrigérer.

Abricots pochés à la vanille et à la menthe

2 portions | cuisson : 10 min | repos : 2 h | (HF)

eau	1 tasse	250 ml
sucre	1/3 tasse	80 ml
gousse de vanille fendue en deux sur la longueur	1	1
abricots mûrs mais fermes	10	10
feuilles de menthe ciselées	10	10

- Porter à ébullition l'eau, le sucre et la gousse de vanille et laisser bouillir 5 minutes. Retirer du feu et laisser refroidir le sirop.
- Mettre les abricots dans le sirop refroidi et laisser reposer 1 heure à la température ambiante. Les cuire ensuite à couvert 6 minutes à feu doux (les abricots doivent être moelleux).
- Retirer les abricots du sirop, les peler et les dénoyauter délicatement. Réfrigérer.
- Laisser infuser la menthe au moins 1 heure dans le sirop. Servir les abricots refroidis nappés de sirop.

Tatins de mangue au miel, à la cannelle et au poivre

2 portions | cuisson : 30 min |

beurre	1 c. à soupe	15 ml
sucre	1/2 tasse	125 ml
pincées de poivre vert moulu	2	2
miel	1 c. à soupe	15 ml
pincées de cannelle moulue	2	2
mangues mûres mais fermes, pelées, coupées en deux et dénoyautées	4	4
cercles de pâte feuilletée de 5 po (13 cm) de diamètre	2	2

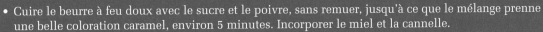

- Cuire le beurre à feu doux avec le sucre et le poivre, sans remuer, jusqu'à ce que le mélange prenne une belle coloration caramel, environ 5 minutes. Incorporer le miel et la cannelle.
- Répartir le caramel obtenu dans le fond de deux moules à tartelette de 4 po (10 cm) de diamètre.
- Déposer les moitiés de mangues dans les moules, la partie plate vers le haut, les recouvrir des cercles de pâte et bien pincer les bords.
- Cuire au four à 350 °F (180 °C) pendant 20 minutes.
- À la sortie du four, récupérer le jus de cuisson des tatins.
- Presser légèrement la pâte pour donner une belle forme aux tatins et les laisser tiédir à la température ambiante.
- Retourner chacune sur une assiette de service et démouler délicatement.
- À feu doux, laisser réduire le jus de cuisson récupéré jusqu'à ce qu'il ait la consistance d'un sirop. L'utiliser pour lustrer les tatins au moment de servir.

Fondant minute
au chocolat et au miel

2 portions | cuisson : 5 min | (HF)

blancs d'œufs	1/2 tasse	125 ml
chocolat mi-amer (70 %) râpé	3/4 tasse	180 ml
miel	1 c. à soupe	15 ml

- Monter les blancs d'œufs pendant 2 minutes, jusqu'à ce qu'ils deviennent très mousseux et souples (ne pas monter en neige).
- Au bain-marie ou au micro-ondes, faire fondre le chocolat.
- En fouettant, verser le chocolat fondu et le miel en filet sur les blancs.
- Répartir la préparation dans deux petits ramequins et cuire au micro-ondes de 10 à 12 secondes. Servir tiède.

Figues rôties aux noisettes, au miel et à la cardamome

2 portions | cuisson : 5 min | (HF)

grosses figues	3	3
noisettes entières	6	6
beurre	1/2 c. à soupe	7,5 ml
miel	2 c. à soupe	30 ml
cardamome moulue	1/2 c. à thé	2 ml
le jus de 1 citron		

- Couper les figues en deux sur la longueur et insérer 1 noisette au centre de chaque moitié.
- Dans une poêle, à feu moyen, faire blondir le beurre avec le miel, puis incorporer la cardamome.
- Ajouter les figues et faire rôtir à feu moyen 1 minute de chaque côté. Retirer et réserver dans une assiette de service.
- Déglacer la poêle avec le jus de citron (allonger avec un peu d'eau si nécessaire) et porter à ébullition. Servir les figues arrosées de ce jus.

Gâteau aux agrumes, au gingembre et au girofle

4 portions | cuisson : 25 min | (H)

œufs	4	4
sucre	1/2 tasse	125 ml
beurre mou	1/2 tasse	125 ml
sachet de 8 g de levure instantanée	1	1
farine tout usage	2/3 tasse	160 ml
gingembre frais, râpé	1 c. à soupe	15 ml
clou de girofle moulu	1/2 c. à thé	2 ml
clémentines en quartiers	2	2
orange en quartiers	1	1
lime en quartiers	1	1

- Fouetter énergiquement les œufs avec le sucre.
- Ajouter le beurre, la levure et la farine en fouettant énergiquement (le mélange doit être homogène).
- Ajouter le gingembre, le clou de girofle et les agrumes et mélanger.
- Verser la préparation dans un moule beurré de 6 à 8 po (15 à 20 cm) de diamètre.
- Cuire au four à 350 °F (180 °C) pendant 25 minutes. Laisser tiédir avant de démouler.

Tiramisu

2 portions | réfrigération : 2 h | (HF)

jaunes d'œufs	5	5
sucre	1/2 tasse	125 ml
mascarpone	1 tasse	250 ml
blancs d'œufs montés en neige ferme	5	5
chocolat mi-amer (70 %) râpé	2/3 tasse	160 ml
biscuits à la cuiller, saveur au choix	20 (environ)	20 (environ)
espresso liquide	2/3 tasse	160 ml

- Fouetter énergiquement les jaunes d'œufs avec le sucre et le mascarpone.
- Incorporer délicatement les blancs en neige.
- Au bain-marie ou au micro-ondes, faire fondre les trois quarts du chocolat.
- Mélanger le chocolat fondu à la préparation de mascarpone, puis ajouter le reste du chocolat râpé.
- Tremper rapidement les biscuits dans le café.
- Dans deux grands verres, disposer une couche de biscuits et couvrir de préparation de mascarpone. Répéter l'opération une fois en terminant avec le reste de la préparation de mascarpone.
- Réfrigérer 2 heures avant de servir.

Gâteau moelleux au chocolat, aux amandes et aux noix de cola

4 portions | cuisson : 35 min | HF

noix de cola hachées	1/2 tasse	125 ml
chocolat mi-amer (70 %) râpé	1 tasse	250 ml
beurre	2/3 tasse	160 ml
œufs	4	4
sucre	1/2 tasse	125 ml
amandes effilées	1/2 tasse	125 ml
sucre glace		

- Parsemer le fond d'un moule de 6 po (15 cm) de diamètre de noix de cola. Réserver.
- Au bain-marie ou au micro-ondes, faire fondre le chocolat. Incorporer le beurre.
- Monter au fouet les œufs avec le sucre jusqu'à ce que la préparation devienne mousseuse.
- Incorporer cette préparation au chocolat fondu, mélanger délicatement et ajouter les amandes (en réserver un peu pour la décoration).
- Verser la préparation dans le moule réservé et cuire au four à 350 °F (180 °C) pendant 35 minutes.
- Retirer du four et laisser refroidir avant de démouler.
- Saupoudrer de sucre glace et parsemer d'amandes avant de servir.

Chocolat chaud et café de Vienne

2 portions | cuisson : 10 min | (HF)

lait	1 tasse	250 ml
café Nespresso arpeggio	2 oz	60 g
eau	1/4 tasse	60 ml
chocolat noir (70 % ou plus), de type Cacao Barry, râpé	1/2 tasse	125 ml
gelée royale ou miel	1 c. à soupe	15 ml
crème à 35 %, fouettée	1/2 tasse	125 ml
cannelle moulue		

- Dans une casserole, porter à ébullition le lait, le café et l'eau.
- Ajouter le chocolat et cuire 10 minutes à feu doux en remuant pour le faire fondre.
- Retirer du feu et ajouter la gelée royale. Filtrer et bien mélanger.
- Répartir le chocolat dans les tasses, garnir de crème fouettée et saupoudrer de cannelle.

Biscuits aux épices

12 gros ou 24 petits biscuits | réfrigération : 2 h | cuisson : 10 min | (F)

beurre mou	1/2 tasse	125 ml
sucre	1 tasse	250 ml
œuf	1	1
farine tout usage tamisée	1 1/2 tasse	375 ml
bicarbonate de soude	1/2 c. à thé	2 ml
poudre à pâte	1 c. à thé	5 ml
mélange d'épices moulues	1 c. à soupe	15 ml
(cannelle, cardamome, clou de girofle, etc.),		
au goût		

- Au robot, mélanger le beurre et les trois quarts du sucre à vitesse moyenne pendant 2 minutes.
- Réduire à vitesse minimum et incorporer l'œuf, puis la farine progressivement.
- Ajouter le bicarbonate et la poudre à pâte et mélanger au moins 2 minutes.
- Envelopper la pâte dans une pellicule de plastique et réfrigérer 2 heures.
- Mélanger le reste du sucre et les épices.
- Façonner la pâte en petites boules et les rouler dans le mélange sucre-épices.
- Les déposer sur une plaque tapissée de papier-parchemin en prenant soin de les espacer.
- Cuire au four à 325 °F (160 °C) de 8 à 10 minutes. Laisser refroidir avant de déguster.

Compotée fraises-litchis au miel et à l'eau de rose

Donne 1 tasse (250 ml) | cuisson : 15 min | Ⓕ

litchis en boîte, avec le sirop	1 tasse	250 ml
fraises équeutées	2 tasses	500 ml
miel	1 c. à soupe	15 ml
gingembre frais, haché	1 c. à thé	5 ml
eau de rose	1 c. à thé	5 ml

- Au robot, réduire les litchis en purée avec un peu de leur sirop.
- À feu doux, porter à ébullition la purée de litchis, les fraises, le miel et le gingembre. Couvrir et laisser mijoter 10 minutes.
- Retirer du feu et laisser refroidir.
- Ajouter l'eau de rose et fouetter vigoureusement. Servir en verrine.

Ananas confit
à la vanille et au thé

2 portions | cuisson : 25 min | (HF)

thé aromatique infusé (tilleul, fleur d'oranger, etc.)	1 1/2 tasse	375 ml
sucre	3/4 tasse	180 ml
ananas frais, en gros cubes	2 tasses	500 ml
gousse de vanille fendue en deux sur la longueur	1	1

- Porter à ébullition le thé et le sucre et laisser bouillir 3 minutes.
- Ajouter l'ananas et la gousse de vanille et cuire 20 minutes à feu moyen en remuant délicatement de temps en temps.
- Retirer du feu, couvrir et laisser refroidir avant de déguster.

Salade poivrée de clémentines et sabayon au champagne

2 portions | réfrigération : 1 h | cuisson : 10 min | (HF)

Salade poivrée

clémentines en quartiers	8	8
miel	1 c. à soupe	15 ml
sucre	1/2 c. à soupe	7,5 ml
le jus de 1 lime		
grains de poivre concassés (idéalement poivre à queue)	3 à 4	3 à 4
feuilles de menthe ciselées	3	3

Sabayon au champagne

jaunes d'œufs	3	3
sucre	2 c. à soupe	30 ml
champagne	1/2 tasse	125 ml
le zeste de 1/2 citron		

Salade
- Mélanger délicatement les clémentines, le miel, le sucre, le jus de lime et le poivre. Réfrigérer 1 heure.
- Incorporer la menthe et répartir la salade dans deux bols. Réserver au frais.

Sabayon
- Préparer un bain-marie.
- Dans un bol, fouetter les jaunes d'œufs avec le sucre et le champagne.
- Transférer le bol sur le bain-marie et fouetter énergiquement jusqu'à ce que le mélange devienne mousseux et double de volume, environ 10 minutes.
- Retirer du feu et ajouter le zeste de citron.
- Répartir le sabayon sur la salade de clémentines et servir aussitôt.

Riz au lait d'épices
et à l'écorce d'orange amère

2 portions | cuisson : 35 min | (F)

lait	2 tasses	500 ml
sucre	2 c. à soupe	30 ml
gousse de vanille fendue	1	1
en deux sur la longueur		
cannelle moulue	1 c. à thé	5 ml
cardamome moulue	1/2 c. à thé	2 ml
pistils de safran	5	5
riz arborio ou carnaroli,	1/2 tasse	125 ml
rincé 3 minutes à l'eau chaude		
le zeste de 1 orange amère		
beurre	1 c. à soupe	15 ml
jaune d'œuf	1	1

- Chauffer le lait à feu moyen avec le sucre, la gousse de vanille et les épices jusqu'à léger frémissement, sans cesser de remuer.
- Réduire à feu doux, ajouter le riz et cuire 25 minutes à couvert.
- Ajouter le zeste d'orange et poursuivre la cuisson 5 minutes.
- Retirer du feu et incorporer le beurre et le jaune d'œuf. Laisser tiédir avant de servir.

Truffes au poivre et au gingembre

Donne 20 truffes | cuisson : 10 min | repos : 10 min | réfrigération : 1 h |

Ganache

crème à 35 %	1/2 tasse	125 ml
grains de poivre noir finement concassés	6	6
gingembre frais, haché	1 c. à soupe	15 ml
chocolat mi-amer (70 %) haché	1/2 tasse	125 ml
beurre non salé mou	1 c. à soupe	15 ml

Enrobage

poudre de cacao amer	1/4 tasse	60 ml
pincée de poivre noir moulu	1	1

Ganache
- Porter à ébullition la crème avec le poivre et le gingembre.
- Retirer du feu et laisser infuser 10 minutes.
- Filtrer la crème. La remettre à bouillir en ajoutant progressivement le chocolat, sans cesser de remuer.
- Lorsque le chocolat a complètement fondu, retirer du feu, ajouter le beurre et mélanger énergiquement.
- Verser la ganache dans un plat rectangulaire tapissé de papier ciré. Couvrir et réfrigérer au moins 1 heure, jusqu'à ce que la ganache soit bien ferme.

Enrobage
- Mélanger le cacao et le poivre.
- Façonner la ganache en 20 petites boules et les rouler dans le cacao. Servir frais.

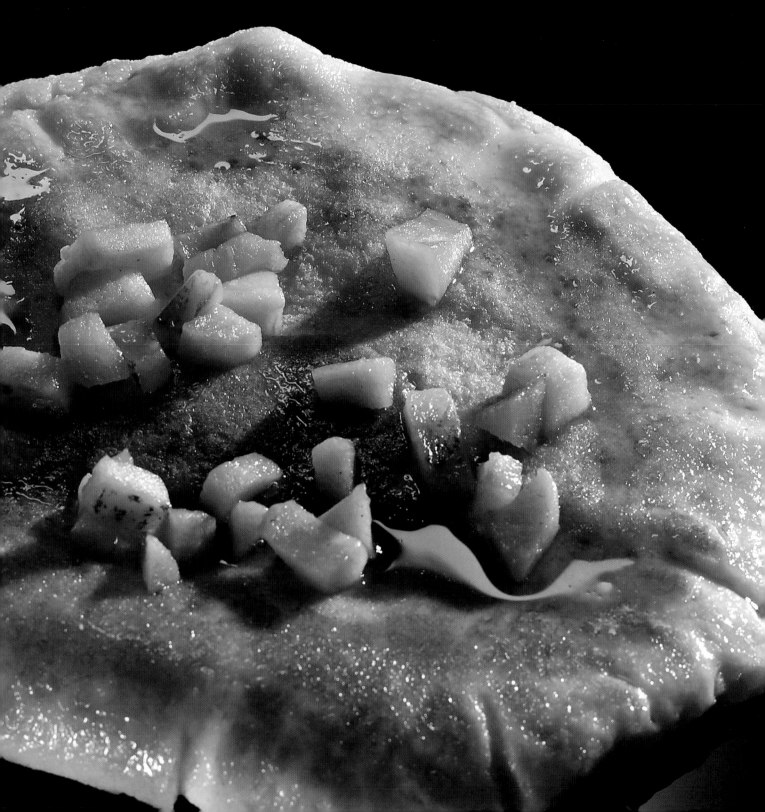

Omelette soufflée aux pommes, à la cannelle et à l'érable

2 portions | cuisson : 5 min | HF

pomme pelée, en petits cubes	1	1
beurre	2 c. à thé	10 ml
extrait de vanille	1 c. à thé	5 ml
bâton de cannelle	1	1
blancs d'œufs	2	2
sucre	1 c. à soupe	15 ml
jaunes d'œufs	2	2
sirop d'érable	2 c. à soupe	30 ml

- Faire sauter la pomme 1 minute à feu vif dans la moitié du beurre.
- Ajouter la vanille et le bâton de cannelle et faire sauter 30 secondes. Réserver à la température ambiante.
- Monter les blancs d'œufs en neige ferme avec le sucre.
- À l'aide d'une spatule, incorporer les jaunes.
- Dans une poêle antiadhésive, cuire l'omelette 1 minute à feu moyen dans le reste du beurre.
- Ajouter la pomme débarrassée du bâton de cannelle et poursuivre la cuisson au four à 400 °F (200 °C) pendant 3 minutes.
- Arroser de sirop d'érable et servir aussitôt.

Bugnes lyonnaises
au curcuma et au citron

Donne 25 bugnes | réfrigération : 12 h | cuisson : 5 min | (HF)

farine tout usage	2 tasses	500 ml
beurre mou	1/2 tasse	125 ml
sucre	2 c. à soupe	30 ml
sel	1 c. à thé	5 ml
sachet de 8 g de levure instantanée	1	1
ou poudre à pâte	1 c. à thé	5 ml
curcuma en poudre	1 c. à thé	5 ml
le zeste de 2 citrons		
œufs	5	5
Grand Marnier	1 c. à soupe	15 ml
huile végétale (pour la friture)		
sucre glace		

- La veille, mélanger à la main la farine, le beurre, le sucre, le sel, la levure, le curcuma et le zeste de citron de manière à obtenir une pâte homogène.
- Ajouter les œufs l'un après l'autre, puis le Grand Marnier en mélangeant jusqu'à ce que la pâte absorbe complètement les liquides et devienne souple.
- Couvrir le bol d'une pellicule de plastique et réfrigérer toute la nuit.
- Le jour même, abaisser la pâte à 1/4 po (5 mm) d'épaisseur, puis la couper en lanières de 1 1/2 à 2 po (4 à 5 cm) de large sur 4 3/4 po (12 cm) de long. Faire une incision au centre des lanières.
- Dans une friteuse, chauffer l'huile à 350 °F (180 °C).
- Plonger les lanières de pâte dans l'huile chaude, quelques-unes à la fois, et frire jusqu'à ce qu'elles soient bien dorées, environ 1 minute de chaque côté.
- Retirer les bugnes au fur et à mesure et les égoutter sur du papier absorbant.
- Saupoudrer de sucre glace et servir tiède ou froid.

Gâteau au fromage au basilic, caramel de verveine

4 portions | cuisson : 30 à 35 min | (HF)

Fond de biscuits

biscuits Graham écrasés	1/2 tasse	125 ml
beurre fondu	1 c. à soupe	15 ml
blanc d'œuf	1	1
sucre	1 c. à soupe	15 ml

Garniture au fromage

fromage à la crème à la température ambiante	1 tasse	250 ml
sucre	3 c. à soupe	45 ml
farine	1 c. à thé	5 ml
œuf	1	1
crème à 35 %	1 c. à soupe	15 ml
feuilles de basilic hachées finement	10	10

Caramel de verveine

sucre	1/2 tasse	125 ml
eau	2 c. à soupe	30 ml
crème à 35 %	3/4 tasse	180 ml
sachets de tisane à la verveine	3	3

Fond de biscuits
- Mélanger tous les ingrédients. Tapisser le fond d'un moule à charnière de 6 po (15 cm) de diamètre du mélange de biscuits en tassant bien. Réserver.

Garniture au fromage
- Fouetter énergiquement tous les ingrédients.
- Étendre la préparation sur le fond de biscuits.
- Cuire au four à 350 °F (180 °C) de 15 à 20 minutes, jusqu'à ce que la pointe d'un couteau ressorte sèche du gâteau. Laisser refroidir complètement avant de démouler.

Caramel de verveine
- Cuire le sucre et l'eau à feu moyen, sans remuer, environ 10 minutes, jusqu'à ce que le caramel prenne une belle coloration ambrée.
- Ajouter la crème et les sachets de tisane, porter à légère ébullition et laisser frémir 4 minutes.
- Filtrer. Servir le gâteau généreusement nappé de caramel de verveine.

Cocktails

Le cocktail d'Aphrodite

2 portions | macération : 24 h |

vin blanc doux	2 tasses	500 ml
jus de grenadine	1 2/3 oz	50 ml
miel	1 c. à soupe	15 ml
feuille de laurier	1	1
feuilles de menthe	12	12
gousse de vanille fendue en deux	1	1
pétales de rose	10	10
gingembre frais, haché	1 c. à soupe	15 ml

- Mélanger les ingrédients dans un pichet et laisser macérer 24 heures au frais.
- Filtrer et servir très frais dans des verres à vin.

Mojito séduction

2 portions | (HF)

feuilles de menthe	12	12
grains de poivre	5	5
sirop de sucre de canne	5 oz	150 ml
lime coupée en cinq quartiers	1	1
rhum blanc	2 oz	60 ml
le jus de 1 lime		
soda nature		
glace pilée		
feuilles de menthe pour décorer		

- Piler les feuilles de menthe et les grains de poivre dans un verre à mélange avec le sirop de sucre et les quartiers de lime.
- Filtrer dans deux verres de type highball remplis de glace pilée.
- Répartir le rhum et le jus de lime dans les verres et agiter.
- Compléter avec le soda et décorer de feuilles de menthe.

Slammer septième ciel

2 portions | (HF)

amaretto	2/3 oz	20 ml
Southern Comfort	2/3 oz	20 ml
sloe gin	2/3 oz	20 ml
traits de jus d'orange	3	3
traits de jus de citron	3	3
bâton de cannelle coupé en deux	1	1
glaçons		

- Mélanger les liqueurs et les jus dans un shaker avec des glaçons.
- Frapper jusqu'à ce que le cocktail soit très froid.
- Répartir dans deux verres de type old-fashioned et ajouter les demi-bâtons de cannelle.

Sex on the beach ou ailleurs

2 portions | macération : 12 h | (HF)

vodka	1 1/3 oz	40 ml
schnapps à la pêche	2/3 oz	20 ml
jus de canneberge	1 1/3 oz	40 ml
jus d'orange	1 1/3 oz	40 ml
feuilles de verveine	5	5
glaçons		
tranches d'orange et de lime		

- Remuer les alcools, les jus et les feuilles de verveine dans un verre à mélange et laisser macérer 12 heures au frais.
- Frapper dans un shaker avec des glaçons.
- Filtrer sur des glaçons dans deux verres de type highball. Décorer de tranches d'orange et de lime, et servir avec une paille.
- On peut aussi ajouter du jus d'ananas à la recette.

Red snapper très coquin

2 portions | repos : 2 h |

rhum blanc	2 oz	60 ml
liqueur Galliano	1/3 oz	10 ml
trait de sirop de grenadine	1	1
crème à 15 %	2 oz	60 ml
graines de cardamome	4	4
glaçons		

• Frapper les ingrédients dans un shaker avec des glaçons. Filtrer et laisser reposer 2 heures.
• Frapper de nouveau et filtrer dans deux verres à cocktail.

Pink dream entre tes bras

2 portions |

Grand Marnier	1 oz	30 ml
tequila	2 oz	60 ml
sirop de grenadine	1/3 oz	10 ml
glaçons		

• Frapper les ingrédients dans un shaker avec des glaçons.
• Filtrer dans deux verres à cocktail.

Imperial instinct

2 portions | (HF)

cognac	2 oz	60 ml
jus d'ananas	1/3 oz	10 ml
jus de fruit de la passion	1/3 oz	10 ml
jus de mandarine ou brandy à la mandarine	2 oz	60 ml
gelée royale	1 c. à thé	5 ml
quartiers de mandarine	2	2
quartier d'ananas	1	1

- Secouer le cognac, les jus et la gelée royale dans un shaker sans glaçons.
- Répartir dans deux verres à cognac. Décorer des quartiers de mandarine et d'ananas.

Nuits torrides

1 portion | cuisson : 10 min | (HF)

thé au ginseng froid	3 oz	90 ml
jus de framboise	3 oz	90 ml
jus de citron	2/3 oz	20 ml
miel	1 c. à thé	5 ml
clous de girofle	3	3
bâton de cannelle	1	1
grains de poivre	5	5
rondelle de citron	1	1

• Chauffer tous les ingrédients à feu doux, sauf la rondelle de citron.
• Filtrer et servir chaud dans une tasse. Décorer de la rondelle de citron.

Menus volupté

Des combinaisons de plats parfaites pour faire monter la température.

Menu aphrodisiaque pour hommes

Entrée
Onctueux de risotto rouge et jambonnettes de grenouilles sautées au thym — 21

Plat principal
Bœuf rôti aux aromates — 75
Fricassée de nobles champignons, œufs brouillés à la truffe et espuma de pain brûlé — 93

Dessert
Gâteau aux agrumes, au gingembre et au girofle — 149

Cocktail
Slammer septième ciel — 178

Menu aphrodisiaque pour femmes

Entrée
Rouleaux de printemps à la papaye verte et aux arachides, riz au jasmin aux pétales de rose,
  mayonnaise légère au thé vert — 99

Plat principal
Poitrines de cailles comme des paupiettes cuites à la vapeur d'épinette et surprise de foie gras à la cannelle — 57
Fricassée de légumes du printemps au jus d'ail rôti au safran, parsemée de fleurs et de jeunes pousses — 109

Dessert
Fondant minute au chocolat et au miel — 145

Cocktail
Sex on the beach ou ailleurs — 179

Menu aphrodisiaque pour hommes et femmes

Entrée
Grosses crevettes légèrement épicées, salsa douce de mangue et de crème de raifort — 13

Plat principal
Jarrets d'agneau au miel, au safran et au yogourt — 69
Oignons au four, garniture comme une pissaladière et purée de cœurs de romaine braisés à la moutarde — 101

Dessert
Charlottes glacées aux fraises, onctueux de champagne à la purée de marrons vanillée et coulis de chocolat noir — 135

Cocktail
Le cocktail d'Aphrodite — 176

Les aliments aphrodisiaques

Ceux qu'on trouve sur les rayons…

- Effets sur les hommes
- Effets sur les femmes
- Effets sur les deux sexes

Ail
On ne sait pas très bien ce qui rend cette plante aussi salutaire en général. Il demeure qu'elle a des propriétés hypotensives, agissant notamment sur les artérioles et la contractilité cardiaque. Elle provoque donc très certainement une dilatation des vaisseaux des organes génitaux. Elle contient des substances semblables à certaines hormones mâles et femelles.
Une chose est sûre : ce n'est pas son odeur qui confère à l'ail ses vertus aphrodisiaques. On peut toutefois masquer cette odeur en mangeant de la pomme, du persil, des fèves crues ou encore des graines de café ou d'anis vert. On peut aussi utiliser du rince-bouche ou un produit contenant de la chlorophylle.

Alcool
Il vainc la timidité, provoque la détente et éveille le désir sexuel. Mais évitez d'en abuser, sinon cet éveil sera de courte durée. Vous ne voudriez pas non plus vous retrouver avec un partenaire endormi… En conséquence, modérez votre consommation.

Aneth
C'est son effet diurétique qui le rend aphrodisiaque. Cette plante est très célèbre chez les Russes : afin de séduire Raspoutine, les femmes mettaient des graines d'aneth dans leur bain.

Arachides
Elles ont une haute teneur en zinc, lequel a un effet sur la production de testostérone et la mobilité des spermatozoïdes. Elles sont également riches en vitamine E.

Asperge
Très riche en stéroïdes hormonaux, particulièrement en phytoestrogènes qui stimulent la production de testostérone. Elle exerce une action diurétique. Très réputée chez les Grecs et les Romains de l'Antiquité. Pline l'Ancien la considérait comme un aphrodisiaque. Au Moyen Âge, elle était consommée à l'occasion de rendez-vous galants.

Avoine
Favorise la sécrétion de la testostérone. En consommer, c'est une très bonne façon de se rapprocher de l'étalon…

Basilic
Cette plante est célèbre du Portugal (où elle est considérée comme un aphrodisiaque puissant en raison de son parfum envoûtant) jusqu'en Haïti (où on l'associe à la Maîtresse Erzulie, déesse de l'amour, et où elle est encore employée dans les rites vaudous). On s'en servait fréquemment pour produire des amulettes ou des charmes amoureux. En France, on concoctait un philtre d'amour avec de l'alcool, du basilic, des racines de céleri et de serpentaire, de l'huile de cumin et des sécrétions humaines.

Café
Donne du tonus grâce à l'effet excitant de la caféine. Le café est diurétique et euphorisant.

Cannelle et casse (cannelle de Chine)
Stimulante et tonifiante, elle influe sur l'action des œstrogènes sur les organes génitaux. La cannelle est aussi un vasodilatateur, c'est-à-dire qu'elle facilite la circulation sanguine en dilatant les veines et les artères. Il s'agit de l'épice aphrodisiaque la plus ancienne, dont l'usage remonte à la nuit des temps. Selon la légende, le philtre d'amour que burent les célèbres amants Tristan et Yseult contenait de la cannelle. Les Romains en ornaient les temples de Vénus, la déesse du plaisir charnel. Au Moyen Âge, on se servait de l'épice pour élaborer des élixirs, des philtres et des vins aromatisés. La casse (dite cannelle de Chine) était également considérée comme un puissant aphrodisiaque par les Anciens. Pour plaire à ses dames d'honneur, le roi David se faisait enduire d'une huile de myrrhe, d'aloès et de casse. Sans épouser les mêmes buts, les femmes égyptiennes adoptèrent la même pratique.

Cardamome
Exerçant une action vasodilatatrice sur les organes génitaux, elle est à la fois tonifiante et apaisante. Cette généreuse épice annonce bien des plaisirs.

Cari
Tonifiant et excitant, le cari est aussi un vasodilatateur : il améliore la circulation en dilatant les vaisseaux sanguins. Il se compose d'une dizaine d'épices, dont des stimulants tels que le gingembre, l'ail, la coriandre, la cardamome, le cumin, le piment et le poivre.

Caviar
C'est sa très forte teneur en iode et en phosphore qui le rend aphrodisiaque. Comme le disait Jacques Brel, caviar et champagne ne sont pas assez pour gravir une montagne, mais sont bien assez pour monter une compagne.

Ceux qu'on trouve sur les rayons...

- **Céleri**
  Râpé ou en jus, il est diurétique. Il contient de l'apigénine, qui agit sur la formation des spermatozoïdes, et a également des effets vasodilatateurs. Augmentant le volume des urines grâce à ses remarquables propriétés diurétiques, il irrite les voies génito-urinaires, ce qui entraîne une stimulation érotique. Il est très riche en vitamine E, laquelle est un facteur d'équilibre des fonctions sexuelles. On sait que Nostradamus conseillait le céleri aux femmes frigides. Voilà peut-être pourquoi Mme de Pompadour – que Louis XV jugeait « froide comme une macreuse » – se faisait servir au déjeuner un potage de céleri, une poignée de truffes ainsi que du chocolat à l'ambre et à la vanille. Casanova, à qui on n'a certes jamais reproché un manque d'intérêt pour le sexe, avait toutefois recours aux mêmes produits afin de s'échauffer le sang : il se faisait préparer des salades de truffes et de céleri ainsi que du chocolat. Du XVIe au XVIIIe siècle, le céleri confit était fort apprécié et renommé. De nos jours, le vin de céleri est aussi très réputé (voir posologie).

- **Chocolat (70 % ou plus de cacao)**
  Stimule la circulation sanguine et contient de la caféine ainsi que de la phényléthylamine, qui fait naître le désir sexuel. Il contient également de la théobromine, qui favorise l'irrigation du sang dans la verge, et de l'arginine, un acide aminé que l'organisme transforme en oxyde nitrique. (Le Viagra augmente aussi la concentration d'oxyde nitrique dans l'organisme.) De plus, il stimule la sécrétion d'endorphines, ces hormones du bonheur ! Le chocolat est donc un ingrédient privilégié de la cuisine aphrodisiaque. Il y a des centaines d'années, les Aztèques s'en servaient déjà à l'occasion d'ébats amoureux et de cérémonies sexuelles.

- **Ciboule, ciboulette, oignons**
  Régulent la circulation, fortifient la pression sanguine, relaxent le système nerveux et augmentent l'afflux sanguin dans les parties génitales. Pour les Chinois, il ne fait aucun doute que ces plantes tonifient le yang, réchauffent les reins et sont donc aphrodisiaques. Elles sont indiquées pour contrer la stérilité féminine et la frigidité.

- **Cola**
  Les graines contiennent principalement de la caféine et de la théobromine. Ces substances agissent sur le centre parasympathique des organes urogénitaux, contribuant ainsi à stimuler l'érection. La noix de cola est aux Africains ce que le ginseng est aux Asiatiques. On la trouve de plus en plus souvent dans les présentoirs de nos pharmacies, soit sous sa forme naturelle ou sous forme d'extrait, soit encore en gélules.

- **Coriandre**
  Excellent tonifiant et stimulant, diurétique de surcroît, elle corrige la baisse de libido liée aux problèmes de prostate. Macérée dans le vin, la graine de coriandre produit un effet euphorique. Toutefois, il est recommandé aux hommes de ne pas abuser de cette mixture car elle empêche l'érection. Dès le Moyen Âge, la coriandre est incorporée aux vins aromatisés, aux philtres d'amour et aux charmes. Dans les pays arabes, comme en témoigne notamment *les Mille et Une Nuits*, la coriandre s'avère un aphrodisiaque très efficace. Elle entre aussi dans la composition de parfums qui se veulent érotiques. Pensons au *7e Sens* de Sonia Rykiel, au *Coriandre* de Jean Couturier (présenté à son lancement comme le « parfum qui fait s'interroger sur la valeur d'une civilisation ») ou au *Kouros* d'Yves Saint Laurent.

- **Curcuma**
  Cette épice brûlante agit comme un électrochoc sur les centres sensoriels et l'appareil génital. Son ingestion se traduit par d'ardents rapports sexuels.

- **Gelée royale**
  Pallie les carences organiques, la frigidité et l'impuissance. Ce puissant revitalisant augmente l'énergie physique et sexuelle.

- **Gingembre**
  Quand on sait que les odeurs jouent un rôle très important dans la stimulation sexuelle, on comprend mieux l'effet de cette racine. En chinois, on emploie d'ailleurs le même mot pour désigner la virilité et le gingembre. Comme dans le cas de presque toutes les épices, le gingembre agit comme un révulsif, produisant un intense afflux de sang dans les organes périphériques (ainsi que des bouffées de chaleur). Cet afflux a pour effet d'augmenter le désir sexuel. Vasodilatateur, le gingembre renforce ou prolonge l'érection chez l'homme et intensifie l'orgasme chez la femme. Cette épice a connu un succès immédiat et phénoménal chez tous les peuples l'ayant découvert : Chinois et autres Asiatiques, Arabes, Africains et Européens.

- **Ginseng**

Voilà un excellent stimulant cardiaque, qui confère une endurance à toute épreuve. Antioxydant, il agit sur le centre nerveux encéphalique et les glandes endocrines. En outre, il combat l'impuissance d'origine endocrinienne. Les Chinois ont été les premiers à reconnaître les vertus du ginseng, qui a été découvert en Mandchourie vers 3500 av. J.-C. De toutes les plantes, il est l'aphrodisiaque le plus coté. Bon nombre d'empereurs de Chine prirent du ginseng dans l'espoir de satisfaire tant bien que mal les mille concubines de la Cité interdite. Les historiens et les médecins se sont longtemps interrogés sur la toxicité de cette plante, car la plupart des Fils du Ciel mouraient jeunes. Il se peut toutefois que ceux-ci aient succombé à des doses excessives préparées par des eunuques rancuniers ou cupides. Certains eunuques frelataient les infusions de ginseng en y ajoutant de la noix vomique (plante dont on extrait la strychnine, un excitant très puissant qui est particulièrement dangereux pour le système nerveux). Les premiers Européens à découvrir le ginseng lui ont attribué les mêmes vertus que les Chinois : non seulement la plante serait-elle aphrodisiaque, mais elle procurerait une longue vie. Les guérisseurs aborigènes orientaux ne jurent que par le ginseng depuis 5000 ans.

- **Girofle**

Un des plus puissants aphrodisiaques naturels, le girofle exerce une action vasodilatatrice sur les organes génitaux. Il peut être indiqué en cas de surmenage mental ou physique ou encore pour enrayer la perte de mémoire. Le girofle aiguise l'appétit sexuel, notamment grâce à son arôme aigu, qui exalte les sens. Durant les orgies romaines de l'Antiquité, les amoureux « en panne » se faisaient servir du vin de girofle chaud. Eva Braun préparait des bavarois au girofle pour son compagnon, Adolf Hitler. Le couple les savourait en silence. Si Mme Braun concoctait ce dessert, c'était dans l'espoir qu'il aide Hitler à se concentrer pendant l'acte sexuel, alors même que des bombes pleuvaient sur Berlin.

- **Huîtres**

Selon toute probabilité, c'est leur richesse en zinc, et non en iode, qui a valu aux huîtres leur réputation d'aphrodisiaques. Le zinc est un oligoélément indispensable à la maturation sexuelle et à la production de l'hormone mâle, la testostérone. Cette hormone peut d'ailleurs stimuler le désir tant chez la femme que chez l'homme. Une portion de six huîtres fournit jusqu'à 45 mg de zinc. (L'apport nutritionnel quotidien recommandé est d'au moins 11 mg.)

- **Jasmin**

Le jasmin (ou son essence) régule la concentration des hormones chez la femme et réduit le stress. Administré sous forme d'huile, il était autrefois utilisé pour guérir la frigidité. Cultivé un peu partout dans le monde, le jasmin d'Espagne est surtout utilisé pour parfumer les liqueurs.

- **Menthe**

Voilà un excellent tonifiant et stimulant. Dès le Ier siècle, Dioscoride estimait que la menthe était aphrodisiaque, mais pouvait entraîner la stérilité chez la femme. Il énonça cette opinion dans son traité *De materia medica*, qui fit autorité en pharmacologie jusqu'au XVIIe siècle. Hippocrate, Aristote et Pline l'Ancien pensaient par contre que la menthe était anaphrodisiaque. Curieusement, les Grecs interdisaient quand même à leurs soldats de faire usage de cette plante, jugeant qu'elle sapait le courage autant qu'elle renforçait l'élan érotique.
À noter : si la menthe est consommée en même temps que la cannelle, toutes deux perdent leur effet aphrodisiaque.

- **Moutarde**

Cet aphrodisiaque stimule la sécrétion des glandes sexuelles, augmente l'appétit et a un effet bénéfique sur le système cardio-vasculaire. La moutarde blanche provoque surtout un effet stimulant et rubéfiant. Elle cause une hyperhémie de la verge, augmente l'afflux de sang dans les artères et exerce une action irritante qui stimule les organes génitaux et les nerfs afférents. De façon générale, la moutarde dilate les vaisseaux sanguins, facilitant ainsi la circulation dans les parties génitales. En Inde comme à Rome et en Grèce antique, la moutarde blanche était prescrite aux couples qui n'avaient pas encore d'enfants.

- **Muscade (noix)**

Aphrodisiaque olfactif, elle dégage une odeur susceptible de provoquer un vertige avoisinant l'égarement : celui qui la hume risque même de perdre le contrôle de ses actes. Fort tonifiante et stimulante, la muscade exerce aussi une action rubéfiante et vasodilatatrice. Plus précisément, elle provoque un afflux de sang dans les organes génitaux, ce qui conduit à une érection du

Ceux qu'on trouve sur les rayons...

pénis. Son effet est moins prononcé sur les femmes. Il demeure que la muscade est considérée quasi universellement comme le meilleur ami de l'homme. Autrefois, elle entrait dans la composition de vins aromatisés et de philtres aphrodisiaques, et était également utilisée durant les rites d'envoûtement amoureux. Le beurre de muscade contient de la myristicine; c'est pourquoi on en conseillait l'application externe sur la verge en vue de faire augmenter la taille de ce membre.

- **Noix, noisettes, pistaches**
Riches en acides gras essentiels quand ils ont vieilli pendant trois mois, ces fruits ont la réputation de favoriser la production d'hormones sexuelles et donc la fertilité. En botanique, on utilise encore le nom latin du noyer, *Juglans regia*. Le terme *juglans* est dérivé de *Jovis glans*, qui signifie « gland de Jupiter ».

- **Persil**
Excellent tonifiant et stimulant, il exerce une action vasodilatatrice sur les organes génitaux.

- **Piment**
Tonifiant et excitant, le piment est aussi un vasodilatateur, c'est-à-dire qu'il facilite la circulation sanguine en dilatant les veines et les artères. Il est riche en vitamine C et en vitamine E, celle-ci étant la vitamine sexuelle. Jouissant d'une réputation aphrodisiaque universelle, il est utilisé pour élaborer des philtres et des charmes d'amour. Jadis, les Hongroises suspendaient au-dessus du lit conjugal des croix qu'elles avaient fabriquées avec des tiges de piment pour s'assurer de l'ardeur et de la fidélité de leur époux.

- **Poireau**
Contient de la vitamine E, qui stimule la circulation sanguine dans les organes sexuels. La plante est également diurétique.

- **Poivre**
Stimule les organes génitaux. Irrite aussi les voix génito-urinaires, ce qui entraîne une excitation du centre de l'érection. Si le poivre tonifie et excite, il agit aussi comme un vasodilatateur, facilitant la circulation en dilatant les vaisseaux sanguins. Il a également des propriétés diurétiques. On dit que l'empereur Ming s'appliquait un cataplasme de poivre sur la verge et buvait de grandes rasades de thé de ginseng avant de faire l'amour... à 10 femmes en même temps. Sa réputation en ce domaine est bien établie. Schéhérazade berça les nuits du calife Haroun-al-Rachid, qui régna sur Bagdad de 786 à 809, en lui racontant l'histoire de « l'indigne pâtissier qui fait des tartes à la crème sans y mettre du poivre ». Également issue des *Mille et Une Nuits* est la fabuleuse histoire de Sindbad le marin, qui réalisa un gros bénéfice en rapportant de son quatrième voyage du poivre à Bagdad.

- **Poivre de Cayenne**
Cet excellent tonifiant et stimulant contient beaucoup de vitamine C. Agent excitant, il stimule la circulation. Les piments rouges et verts du Mexique ont les mêmes propriétés.

- **Poivre de la Jamaïque**
Aphrodisiaque olfactif, il favorise l'éjaculation en irritant les nerfs du centre érecteur.

- **Raifort (pulpe)**
Ce puissant diurétique présente aussi des propriétés apéritives et stimulantes. Les Grecs de l'Antiquité ne doutaient pas de ses vertus aphrodisiaques.

- **Réglisse**
Par son odeur, elle attise le désir sexuel chez la femme. Porter de la réglisse sur soi attire l'amour, fait tomber à ses pieds les personnes du sexe opposé et exacerbe le désir sexuel.

- **Romarin**
Son parfum intense agit sur le centre nerveux. Lorsque l'herbe est ingérée, c'est la safranine qui, par son action sur les glandes corticosurrénales, favorise une sécrétion plus importante d'hormones sexuelles. Tonifiant et stimulant, le romarin dilate les vaisseaux sanguins, prolongeant l'érection chez l'homme et intensifiant l'orgasme chez la femme. Selon la légende, la reine Élisabeth de Hongrie l'utilisa à l'âge de 70 ans; elle retrouva une telle vigueur et une telle santé qu'elle réussit à séduire un homme jeune et athlétique, alors roi de Pologne. Il la demanda en mariage. Mme de Sévigné s'en servait tous les jours. À une époque, les amateurs de résultats rapides se frictionnaient la verge avec une préparation à base d'huile de moutarde, de romarin et de miel juste avant de passer à l'acte. Les phytothérapeutes continuent de le prescrire aux personnes souffrant de fatigue sexuelle.

- **Safran**

Voilà un puissant stimulant des zones érogènes. Des études menées par l'Institut national de recherche agronomique (INRA), en France, ont démontré que le safran exerce une action comparable à celle des hormones sexuelles. Excellent tonifiant, il exerce aussi une action vasodilatatrice sur les organes génitaux. Il s'agit également d'un excitant; il convient donc de le consommer avec modération. Les doses excessives de cette plante causent d'ailleurs le fou rire. Depuis des millénaires, le safran entre dans la composition d'une multitude d'aphrodisiaques et d'élixirs d'amour. De nos jours, les phytothérapeutes continuent de le recommander en cas d'impuissance ou en cas de frigidité chez les femmes anémiées et lymphatiques.

- **Sarriette**

Considérée comme un très puissant aphrodisiaque, la sarriette est un stimulant psycho-physiologique des fonctions cérébrales et corticosurrénales. Son action sur la bile influe sur le fonctionnement des glandes sexuelles. Cette plante augmente aussi l'agressivité sexuelle. Son nom latin, *satureia*, viendrait de *satyrus*, « satyre ». Au Moyen Âge, la réputation aphrodisiaque de la sarriette était bien établie, de sorte qu'on l'interdisait dans les monastères. Le marquis de Sade avait offert à ses invités des petits chocolats fourrés de poudre de sarriette pour les convier à une mémorable orgie. Les phytothérapeutes continuent de vanter les vertus de l'infusion de sarriette comme palliatif à l'impuissance et à la lassitude.

- **Sauge**

L'odeur de l'huile de sauge agit sur le système nerveux. La plante exerce également une action sédative, relaxante, décongestionnante et tonifiante. L'inhalation excessive d'huile de sauge provoque euphorie et ivresse. Autrefois, les Romains se parfumaient avec de la sauge pour augmenter leurs appétits charnels. La nouvelle aromathérapie considère que les essences aphrodisiaques les plus puissantes sont celles de la sauge et des fleurs de l'ylang-ylang.

- **Sésame**

Souvent consommé avec du miel ou incorporé à une pâte fourrée aux amandes, aux pistaches ou aux noisettes, le sésame est considéré comme un aphrodisiaque dans les pays arabes. Dans la tradition ayurvédique de l'Inde, on recommande l'huile et les graines de sésame pour soigner les troubles sexuels.

- **Thé**

Redonne du tonus grâce à l'effet excitant de la théine, ce qui activera le désir. Un thé à la menthe serait l'idéal.

- **Thym**

Tonique pour les nerfs, il a des effets aphrodisiaques. Il s'agit aussi d'un puissant purificateur qui stimule la fonction circulatoire et exerce une action diurétique.

- **Truffe**

En 1981, trois chercheurs allemands ont découvert une phéromone dans la truffe. Il s'agit d'un stéroïde à forte odeur musquée, analogue à celle des testicules du verrat transférée aux glandes salivaires pendant la phase de pré-saillie. Le rôle biologique de cette phéromone pourrait expliquer l'ardeur et la motivation de la truie pour la truffe. Aujourd'hui, on connaît bien l'odeur de la truffe, un mélange complexe de neuf composés aromatiques. Ces substances ont été retrouvées chez l'homme, en particulier dans la région des aisselles, où les glandes sudoripares sont les plus actives… Serions-nous à ce point proches du cochon ?

- **Vanille**

Aphrodisiaque encéphalique ou psychogène qui agit sur le système nerveux central. Son odeur provoque une stimulation sexuelle. Euphorisante, la vanille peut néanmoins être utilisée à volonté, notamment pour combattre l'asthénie sexuelle. Son nom français vient du latin *vagina*, « gaine, fourreau ». On peut expliquer cette dérivation par une similarité de forme. Allongée et présentant une petite fente à son extrémité, la racine de la vanille ressemble au canal vaginal. La frigide Mme de Pompadour consommait de la vanille avec du chocolat.

- **Verveine**

Stimule et améliore la circulation sanguine et provoque un afflux de sang dans les organes génitaux. Les Grecs de l'Antiquité, qui nommaient la verveine « herbe sacrée » et la dédièrent à Aphrodite, l'introduisaient dans la couche avant l'acte sexuel. À leur tour, les Romains dédièrent la verveine à Vénus.

…et les autres

- **Assa fétida (résine)**
  Ingérée sous forme liquide, l'ase fétide exerce une action diurétique en passant par les conduits rénaux. Éliminée de l'organisme par l'urine, elle provoque une irritation génito-urinaire et stimule les récepteurs nerveux qui facilitent l'érection. Les Indiens firent connaître cette résine aux Grecs et aux Romains de l'Antiquité en vantant ses propriétés antispasmodiques. Au Moyen Âge, pourtant, si les Croisés en achetaient à prix d'or, c'était en raison de ses vertus aphrodisiaques. Dans la médecine tibétaine, l'ase fétide administrée dans du lait est le remède le plus commun contre l'impuissance. Selon les théories médicales tibétaines, de nombreuses affections d'origine psychologique peuvent être traitées et guéries par l'activité sexuelle.

- **Aubépine**
  Associé à Hymen, dieu du mariage dans la mythologie gréco-romaine, ainsi qu'à Belenos, dieu du soleil et de la santé chez les Celtes, cet arbre était un symbole de renouveau et de fertilité. On pratiquait jadis divers rituels et danses de nature sacrée autour de l'aubépine en fleurs. Les bourgeons et les fleurs ont des propriétés vasodilatatrices et euphorisantes.

- **Chêne**
  Les bourgeons du chêne sont utilisés pour contrer l'épuisement et l'impuissance.

- **Éleuthérocoque**
  Cette plante possède des propriétés stimulantes. Les phytohormones qui lui sont propres agissent sur le système nerveux et les glandes endocrines.

- **Frêne**
  Ses feuilles sont diurétiques, selon Hippocrate. Ses fruits attirent aussi des mouches dont on extrait un puissant aphrodisiaque. Les feuilles se mangent en salade. Ingérés sous forme de décoction ou de condiment, les fruits et les graines du frêne favorisent la spermatogenèse. Les graines se mangent écorcées et grillées au four ou à la poêle.

- **Galanga**
  Cette plante est un révulsif; plus précisément, elle produit un afflux de sang dans les organes sexuels, ce qui attise le désir.

- **Guarana**
  En agissant sur les centres nerveux encéphaliques, les substances tonico-nervines contenues dans cette liane stimulent les organes sexuels. Le guarana est par ailleurs un tonique plus puissant que la caféine.

- **Kawa-kawa (résine)**
  À petite dose, cette substance exerce une action stimulante et euphorique. À forte dose, elle produit un puissant effet narcotique. C'est pourquoi sa vente est illégale en Amérique du Nord.

- **Lavande**
  L'impératrice Poppée, qui a lancé la mode des bains à Rome, exigeait qu'on prépare les siens avec du lait d'ânesse agrémenté de lavande et de mélisse. Dans la même ville, les prostituées s'enduisaient le corps d'huile de lavande. Selon la tradition populaire, porter sur soi un sachet de lavande attirerait les amoureux. Casanova parfumait son papier à lettres à la lavande pour « mettre en transe » les destinataires de ses billets doux. On sait que Mussolini s'aspergeait d'eau de lavande afin de séduire les femmes. Inversement, on a déjà cru que la lavande mariée au romarin favorisait la chasteté. Ainsi, au début du XVIe siècle, sainte Angèle Merici, fondatrice des Ursulines, prescrivait des jeûnes à la lavande et au romarin aux filles que les familles faisaient enfermer au couvent pour inconduite.

- **Muira puama**
  Elle provoque la sécrétion de l'hormone surrénalienne (l'adrénaline). Elle exerce une action stimulante sur les terminaisons du système sympathique et crée une excitation génitale durable. Elle accentue la vasodilatation du pénis, provoquant des érections maximales et d'une grande fermeté.

- **Musc**
  Il s'agit d'une substance brune extraite des glandes abdominales de petits cervidés d'Asie du Sud-Est. Malgré son origine peu appétissante, le musc entre dans la composition de parfums enivrants. Réduit en poudre et saupoudré sur une assiette dans laquelle on mangera un mets quelconque, il provoquera un effet aphrodisiaque. Une consommation excessive causera toutefois des étourdissements.

- **Rudbeckie à feuilles étroites**
Éliminée par l'urine, elle provoque une irritation activant le centre
de l'érection. On peut s'en servir dans les cas d'impuissance d'origine physiologique. En effet, appliquée sous forme de pommade sur
le pénis, elle facilite l'érection.

- **Salsepareille**
Selon une légende grecque, une jeune femme morte par amour se
serait transformée en cette plante. La salsepareille stimule le sexe
masculin. Diurétique, elle favorise l'excrétion rénale et augmente
aussi la fonction de la prostate qui favorise la formation de sperme.
Sur la femme, elle produit un effet aphrodisiaque de nature olfac-
tive. En effet, elle dégage une pénétrante odeur de vanille, parfum
qui exalte les sens.

- **Turnère**
Les feuilles séchées de cette plante agissent directement sur les organes sexuels, et surtout sur le cerveau. Elles donnent un nouvel
essor à l'activité érotique, qui devient plus originale et créative. Utilisée pour contrer l'impuissance, elle agit sur la moelle épinière et
stimule le centre parasympathique pelvien qui active le mécanisme
des nerfs érecteurs.

- **Ylang-ylang**
Très souvent utilisé comme palliatif à l'impuissance et à la frigidité,
il agit sur le centre nerveux encéphalique. Le parfum qu'il dégage
provoque un émoi psycho-érotique et stimule le désir sexuel.

- **Yohimbehe**
Vasodilatateur, il a un effet sur les vaisseaux muqueux et cutanés,
particulièrement ceux des organes génitaux. Il agit également sur
le système nerveux central en provoquant l'excitation directe de la
moelle épinière sacrée et du centre érecteur. Vainc la frigidité et
l'impuissance chez les sympathicotoniques et chez ceux qui souf-
frent de troubles émotifs. C'est la yohimbine, alcaloïde contenu
dans l'écorce du yohimbehe, qui est réputée pour ses pouvoirs
aphrodisiaques.

Recettes
et posologie

Café
Prendre 1 c. à thé (5 ml) de graines moulues dans 1 tasse
(250 ml) d'eau.

Cannelle
Faire macérer toute une nuit 50 g de cannelle de Ceylan et 30 g de
vanille dans 4 tasses (1 L) de vin muscat. Filtrer et consommer.

Céleri
Vin de céleri : mettre une tête de céleri dans un malaxeur, passer le
jus et ajouter le même poids en sucre. Faire macérer dans 4 tasses
(1 L) de vin blanc pendant deux jours. Filtrer et boire deux verres
par jour. Résultats au bout de trois jours. Jus frais extrait des
branches : prendre 1 c. à soupe (15 ml) de jus frais par jour.

Cola
Vin de cola : 60 g de noix de cola concassées dans 4 tasses (1 L) de
vin muscat. Faire macérer 10 jours en agitant quotidiennement.
Filtrer le 11e jour. Ne pas consommer après 16 h.

Coriandre
Utiliser 10 à 15 g de graines pour 2 tasses (500 ml) d'eau. Faire macérer 24 heures. Filtrer et boire un petit verre par jour.

Gingembre
Stimulant et revitalisant, surtout si vous en prenez régulièrement
durant quelques semaines. Prendre 1 g par jour pendant 10 jours.
Arrêter 10 jours, puis prendre à nouveau 1 g par jour pendant
10 jours.

Ginseng
Prendre 1 g par jour pendant 10 jours. Arrêter 10 jours, puis
prendre à nouveau 1 g par jour pendant 10 jours.

Girofle
Faire macérer 20 clous de girofle et 1 noix de muscade dans du vin
blanc. Chauffer juste avant de boire.

Huîtres
La journée même, il faudrait en manger une centaine pour provoquer la stimulation... Heureusement, en manger six par jour pendant six jours a le même effet.

Menthe
Infuser 10 à 15 g dans 2 tasses (500 ml) d'eau bouillante pendant
15 minutes.

Muscade
Usage comme épice : en saupoudrer une pincée sur les aliments.
Attention ! On doit consommer la muscade seulement en très
petite quantité afin d'éviter de subir ses effets convulsifs.
Application locale : prendre du miel, de l'huile de noix de muscade et du poivre noir et en faire une pommade. Utiliser pour
graisser la verge ou le périnée. Une application tous les trois jours.

Ortie
Prendre 1 c. à thé (5 ml) de graines moulues mélangées à du miel
ou à de la confiture.

Poivre
Mélanger une pincée de poivre avec du miel et du cumin. Ingérer
ce mélange deux fois par jour.

Safran
Infuser de 5 à 7 g dans 2 tasses (500 ml) d'eau tiède et boire au
complet une demi-heure avant l'acte.

Sarriette
Infuser 5 à 7 g dans 2 tasses (500 ml) d'eau bouillante pendant
15 minutes ou laisser infuser 1 c. à soupe (15 ml) dans 1 tasse
(250 ml) d'eau durant 10 minutes. Boire au complet avant l'acte.

Sauge
Prendre quotidiennement un petit verre de vin de sauge avant
les repas pendant une période ne dépassant pas les six mois.
Vin de sauge : faire bouillir 4 tasses (1 L) de vin muscat et le
verser sur 80 g de sauge sèche. Laisser macérer jusqu'à complet
refroidissement, mettre au frais et filtrer au bout de trois jours.

Vanille
Faire chauffer 2 gousses de vanille pendant 10 minutes dans
4 tasses (1 L) de lait. Retirer les gousses, les presser pour en extraire tout le suc et les gratter pour conserver les petites graines.
Ajouter 2 c. à soupe (30 ml) de cacao pur aux graines de vanille et
délayer dans 1 tasse (250 ml) d'eau tiède. Ajouter le lait chaud en
remuant bien. Puis mettre 2 c. à soupe (30 ml) de miel et autant de
sucre roux en poudre. Incorporer en fouettant 1/2 c. à thé (2 ml)
de poivre de Cayenne ou de tabasco, ainsi qu'un petit verre de
rhum ou de tequila. Boire bien chaud ou très froid.

Des recettes pour augmenter le désir

Lui

roquette	20 g
berce	30 g
sarriette	10 g
ortie	10 g
romarin	10 g
menthe	10 g
céleri	10 g

- Mélanger tous les ingrédients. Utiliser 1 c. à soupe (15 ml) du mélange par tasse (250 ml) d'eau froide. Amener doucement à ébullition, retirer du feu dès le premier bouillon et laisser infuser 10 minutes.
- Boire chaque jour 2 tasses (500 ml) du liquide chaud sucré au miel.

OU

noix de cola	10 g
noix de muscade	10 g
sauge	10 g
racine de galanga	10 g
anis vert	10 g
menthe	10 g
vin rouge	1 L
le jus de 1/2 citron	

- Mélanger tous les ingrédients. Faire macérer le tout pendant huit jours. Filtrer et boire en apéritif.

OU
- Manger des branches de céleri ou boire du jus de céleri frais (extrait à la centrifugeuse).

OU
- Croquer 1 g de racine de ginseng le matin.

Elle

sauge	10 g
berce	20 g
ache	10 g
menthe	20 g
romarin	20 g
gratiole	20 g

- Mélanger tous les ingrédients. Mettre 1 c. à soupe (15 ml) du mélange dans 1 tasse (250 ml) d'eau bouillante. Laisser infuser 10 minutes.
- Prendre quotidiennement 3 tasses (750 ml) du liquide chaud sucré au miel.

OU
- Croquer 1 g de racine de ginseng le matin.

Les faux aphrodisiaques

Ils ont l'air mais pas la chanson.

Abricot, artichaut, banane, câpre, châtaigne, concombre, fraise, pomme

Ces fruits et plantes ont été considérés comme des aphrodisiaques en raison soit de leur forme, soit de mythes divers, mais il n'existe pas de preuves qu'ils augmentent le désir sexuel.

Citron

Les feuilles séchées sont parfois utilisées dans des charmes d'amour. En Asie du Sud-Est, on s'en sert pour faire des thés aphrodisiaques. Les Birmans font brûler des citrons confits avec de l'encens pour créer une ambiance propre aux jeux érotiques.

Estragon

Jadis employé dans des philtres d'amour dans les pays arabes. Certains autochtones d'Amérique du Sud se frottaient le corps de suc d'estragon dans l'espoir de séduire.

Fenouil

La fenouillette, une eau-de-vie distillée avec de la graine de fenouil, aurait eu la réputation d'être aphrodisiaque.

Figue

Avec sa forme rappelant celle des testicules, ce fruit est un symbole de fécondité. Michel-Ange a réalisé un dessin, *le Phallus d'Adam*, qui représente un serpent entre deux figues. En Afrique du Nord, le mot « figue » est utilisé pour désigner les testicules.

Grenade

Le jus de grenade a parfois été considéré comme un moyen d'accroître la fécondité et comme un antidote à la stérilité.

Marjolaine

Emblème de l'amour chez les Grecs et les Romains de l'Antiquité, cette plante doit sa réputation d'aphrodisiaque à son agréable parfum.

Mastic

Il s'agit de la résine du lentisque, un genre de pistachier. En Afrique du Nord et dans de nombreux pays d'Orient, l'huile extraite de cette résine est réputée pour ses vertus aphrodisiaques. On la mélange subrepticement aux aliments de l'être aimé pour le séduire, renouveler son ardeur ou le reconquérir. En Iran, cette huile entre dans la composition d'onguents qu'on frotte sur le bas-ventre, les reins ou les cuisses.

Ortie

Selon Galien, les graines d'ortie mijotées dans du vin cuit renforcent l'élan érotique. Pétrone évoque une prêtresse qui, pour donner de la vigueur aux hommes qui sollicitaient ses services, les fouettait avec des tiges d'ortie. Cette pratique s'accompagnait de massages faits avec du poivre noir. Il a existé d'autres thérapies à base d'ortie : certains se frottaient le pénis avec des feuilles fraîches, d'autres préféraient s'appliquer de la pommade. Selon des croyances allemandes, mettre des feuilles d'ortie sous le matelas favoriserait une sexualité débridée. On rendrait ces feuilles encore plus érogènes en les saupoudrant de sel juste avant de les cueillir. L'ortie a été utilisée pour concocter des charmes amoureux.

Pignon

Le pignon est la graine de la pomme de pin. La forme et la couleur de la pomme de pin rappellent celles du phallus. À la fin du XIXe siècle, les pommes de pin étaient vendues comme amulettes favorisant la fécondité. Au Moyen-Orient, on prête des vertus aphrodisiaques au lait aux pignons.

Rose (pétales)

La rose rouge est le symbole de l'amour-passion; on ne s'étonnera donc pas que ses pétales aient jadis servi à l'élaboration de nombreux philtres ou charmes d'amour. Selon *les Mille et Une Nuits*, on dégustait de la confiture de pétales de rose dans le septième palais du calife de Bagdad; quiconque en mangeait succombait inéluctablement à un envoûtement érotique.

Les anaphrodisiaques

Utiles quand on veut renverser la vapeur...

Jujube

Le jujube, fruit du jujubier, dit dattier chinois, appauvrit le sperme. Dans la mythologie grecque, la chaste nymphe Lotis préféra se transformer en jujubier plutôt que de céder aux avances de Priape.

Lotus

Non seulement le lotus est-il symbole de pureté, mais ses graines sont considérées comme légèrement anaphrodisiaques. Sédatives et soporifiques, elles calment les sens et diminuent les facultés de procréation. Selon de nombreuses croyances, ces graines permettraient de résister aux envoûtements amoureux. Les moines en mangeaient jadis pour lutter contre les désirs charnels. Au Moyen Âge, certains hommes imposaient à leur épouse des cures de lotus dans l'espoir qu'elle reste chaste pendant leur absence. À cette époque, les seuls stimulants permis aux femmes étaient ceux qui favorisaient la lactation. Dans la littérature libertine chinoise, pourtant, le lotus symbolise le sexe de la femme, et l'obtention du titre de « Lotus d'or » était l'enjeu de sourdes rivalités entre courtisanes.

Pêcher

Selon les Maghrébins, une décoction de feuilles de pêcher pourrait provoquer la stérilité.

Saule

Cette tisane calme les pulsions sexuelles masculines. Faire infuser 3 chatons de saule dans 1 tasse (250 ml) d'eau bouillante. Boire une fois par jour pendant trois jours.

Désarmement garanti

nénuphar blanc (racines)	50 g	
racines de houblon	50 g	
chatons de saule	50 g	
eau bouillante	1 tasse	250 ml

- Mélanger tous les ingrédients secs. Mettre 1 c. à soupe (15 ml) du mélange dans l'eau bouillante et laisser infuser 20 minutes. Filtrer avant de boire.
- Répéter matin et soir, aux deux jours, pour un total de six fois.

Grand parleur, petit faiseur

nénuphar blanc (racines)	20 g	
chatons de saule	20 g	
valériane	20 g	
douce-amère	20 g	
houblon	20 g	
eau froide	1/2 tasse	125 ml

- Mélanger tous les ingrédients secs. Mettre 1 c. à soupe (15 ml) du mélange dans l'eau froide. Amener à ébullition, puis retirer du feu. Filtrer et boire chaud.
- Répéter trois fois par jour pendant une semaine.

Index des effets

Effets aphrodisiaques sur les hommes | (H)

Effets aphrodisiaques sur les femmes | Ⓕ

Index des effets (suite)

Effets aphrodisiaques sur les deux sexes | (HF)

Index des ingrédients aphrodisiaques

Giovanni Apollo, Napolitain d'origine, élève de Paul Bocuse, chef de renommée internationale et lauréat de prestigieux prix culinaires, s'est installé au Québec il y a quatorze ans pour partager son plaisir de la cuisine.

Propriétaire de deux restaurants, Apollo et Apollo Bistro, nichés aux portes de la Petite Italie, sur le boulevard Saint-Laurent à Montréal, il possède également un service de traiteur haut de gamme, Apollo Globe Traiteur. Aux fourneaux de ces établissements, il laisse libre cours à ses passions : les cuisines du monde, la cuisine moléculaire, les variations sur un thème...

Habitué du plateau des *Kiwis et des hommes*, il anime une chronique culinaire hebdomadaire à l'émission *Pour le plaisir*.

Il a publié en 2007 un premier livre, *Apollo*, chez le même éditeur.

Merci

Il y a bien des choses que je ne pourrais faire sans vous. Vous êtes comme les épices : vous faites toute la différence. Alors merci, merci beaucoup.

À mon équipe de cuisine : Benjamin Léonard, Jérémy Cayron, Émilie Turcotte, Gérald Boutet, Julie Plouffe, Olivier Precourt, Battiste di Giuseppe, Samy Pean et Arnaud Helfenbein.

À mon équipe en salle : Olivier St Amant, Antony Ruiz, Andy Carton, Christopher Stradeski, Steeve Vicari, Étienne Brunet, Julien Brunet et Nicolas Joubert.

Aux responsables des ventes : Sandrine Laigneau et Emmanuel Goubard.

Des remerciements particuliers à :

Jean-Michel Bardet, mon chef associé, mon confident, mon ami.

Émilie Genty, pour ton aide si précieuse.

Anic Navion et Émilie Turcotte, pour votre participation vraiment essentielle et exceptionnelle de muses, de sirènes, de reines.

Jean Paré, Marie-Suzanne Menier et Ann Nickner, des Éditions Transcontinental : sans vous, pas de livres...

Pierrette Dugal-Cochrane et Edith Sans Cartier, pour votre regard impitoyable.

Jeffrey Rosenberg : tout ce que tu fais est beau.

Maurice Richichi : si une photo vaut mille mots, les tiennes en valent un million.

Patrick Leimgruber et Véronique Harvey : parce que vous savez rire.

Et enfin... aux amoureux de l'amour.

Giovanni Apollo

Les Éditions Transcontinental
1100, boul. René-Lévesque Ouest, 24e étage
Montréal (Québec) H3B 4X9
Téléphone : 514 392-9000 ou 1 800 361-5479

www.livres.transcontinental.ca

Pour connaître nos autres titres, consultez le www.livres.transcontinental.ca.
Pour bénéficier de nos tarifs spéciaux s'appliquant aux bibliothèques
d'entreprise ou aux achats en gros, informez-vous au 1 866 800-2500.

Catalogage avant publication de Bibliothèque et Archives nationales
du Québec et Bibliothèque et Archives Canada

Apollo, Giovanni
Recettes interdites
Comprend un index.
ISBN 978-2-89472-418-7

1. Cuisine aphrodisiaque. I. Titre.

TX652.A66 2009   641.5   C2009-941956-4

Coordination de la production : Marie-Suzanne Menier
Collaboration à la réalisation des recettes :
Jean-Michel Bardet, chef de cuisine Apollo
Relecture préliminaire des recettes : Sophie Suraniti
Révision des recettes et correction :
Pierrette Dugal-Cochrane, Edith Sans Cartier
Révision des listes d'aliments : Geneviève Roquet
Index : Marie-Annick Lalande

Photos : Maurice Richichi, kapocommunication.com
Photo de Giovanni Apollo en page 205 et en couverture arrière : Maude Chauvin
Conception graphique : Jeffrey Rosenberg et Simon Rufiange
Infographie : Graphiques M&H
Impression : Transcontinental Interglobe

Imprimé au Canada
© Les Éditions Transcontinental, 2009
Dépôt légal - Bibliothèque et Archives nationales du Québec,
3e trimestre 2009 Bibliothèque et Archives Canada

Tous droits de traduction, de reproduction et d'adaptation réservés

Nous reconnaissons, pour nos activités d'édition, l'aide financière du gouverne-
ment du Canada par l'entremise du Programme d'aide au développement de
l'industrie de l'édition (PADIÉ). Nous remercions également la SODEC de son
appui financier (programmes Aide à l'édition et Aide à la promotion).

Les Éditions Transcontinental sont membres
de l'Association nationale des éditeurs de livres.

Sources Mixtes
Cert no. SW-COC-000952
© 1996 FSC